普通高等学校经管类精品教材

上市公司财务报表分析

主　　编　侯宝亮　王　斌

副 主 编　王　锦

编写人员（以姓氏笔画为序）

　　　　　王　斌　王　锦　杨　梅

　　　　　侯宝亮　徐恺娣

中国科学技术大学出版社

内容简介

本书为财经商业类专业"财务报表分析"课程的配套教材,以比亚迪股份有限公司为分析对象,以其向社会公开的财务报表数据为基础进行分析,涵盖财务报表分析概述、三大报表分析(资产负债表、利润表、现金流量表分析)、财务指标分析(盈利能力、运营能力、增长能力、偿债能力分析)、专题分析(业务、风险分析)等内容,便于读者掌握上市公司财务报表分析的理论依据、具体分析思路及方法。

本书适合作为高校财经商业类专业学生的教材,也可供对财经行业感兴趣的人员参考。

图书在版编目(CIP)数据

上市公司财务报表分析/侯宝亮,王斌主编.--合肥:中国科学技术大学出版社,2024.8.--ISBN 978-7-312-06039-7

Ⅰ.F276.6

中国国家版本馆CIP数据核字第2024CE0901号

上市公司财务报表分析

SHANGSHI GONGSI CAIWU BAOBIAO FENXI

出版	中国科学技术大学出版社 安徽省合肥市金寨路96号,230026 http://press.ustc.edu.cn https://zgkxjsdxcbs.tmall.com
印刷	合肥市宏基印刷有限公司
发行	中国科学技术大学出版社
开本	787 mm×1092 mm　1/16
印张	9.25
字数	235千
版次	2024年8月第1版
印次	2024年8月第1次印刷
定价	30.00元

前　　言

作为财经商业类专业"财务报表分析"课程的配套教材,编写本书有三个目的:一是站在产业视角为学生寻觅就业线索;二是通过分析上市公司的相关信息,了解其所在的产业;三是深入了解上市公司的业务演进、财务指标、风险因素、公司治理、管理层构成等关键信息。

上市公司财务报表分析立足产业分析企业,着眼于对整体信息的分析和判断,其主要作用如下:

首先,分析上市公司财务报表有助于深入了解上市公司的业务范围。从资产负债表和利润表中,窥见公司的主营业务以及业务结构的变化情况,有助于了解公司在不同领域的投资布局和经营重心,为评估公司未来的发展方向提供重要线索。

其次,分析上市公司财务报表有助于识别和评估上市公司的风险因素。通过对资产负债表和现金流量表的分析,可以发现公司面临的财务风险、市场风险以及经营风险等各种潜在风险因素,从而有针对性地制定应对措施,保障公司的稳健发展。

再次,分析上市公司财务报表能够形成对公司业务、财务状况和对公司未来发展的重要见解。上市公司年报对公司的经营策略、市场竞争、产业发展趋势等进行了深入分析和讨论,为投资者和利益相关者提供了宝贵的信息,有助于更全面地评估公司的价值和潜力。

最后,上市公司财务报表对整个产业的分析、判断,有助于相关人员把握整个产业的发展脉络,洞悉产业的竞争格局和发展趋势,为投资决策和战略规划提供重要参考。

汽车产业在世界主要经济体中是一个非常重要的产业。本书以汽车产业为背景,以比亚迪股份有限公司公开发布的公司年报相关数据及资料为基础,分析其"三大报表"、财务指标、业务与风险,涉及资产负债表、利润表、现金流量表、盈利能力、运营能力、增长能力、偿债能力等,并通过与特斯拉汽车、丰田汽车、大众汽车的核心数据对比分析,全景展示比亚迪股份有限公司的整体信息,一方面促进读者了解相关财务知识,另一方面促进读者理解中国实施碳达峰、碳中和国家战略和绿色化、智能化、数字化发展理念对汽车产业发展带来的深远影响。

本书由安徽工商职业学院的老师合作编写,第一章和第四章由侯宝亮编写,第二章由王斌编写,第三章的第一节、第二节由杨梅编写,第三章的第三节、第四节、第五节由王锦编写,第三章的第六节由徐恺娣编写。侯宝亮负责全书的总体设计和统稿。

在编写过程中,编者参阅了相关专家学者所撰写的著作和教材,在此一并表示感谢。受编者学识水平和资料来源的限制,书中不当之处在所难免,恳请各位同行和读者批评指正。

编　者

目　　录

前言 ·· (i)

第一章　财务报表分析概述 ·· (1)
　一、财务报表分析的含义 ··· (1)
　二、财务报表分析的起源和发展 ·· (2)
　三、财务报表分析所需资料 ··· (6)
　四、财务报表分析方法 ·· (14)

第二章　三大报表分析 ·· (21)
　第一节　资产负债表分析 ··· (21)
　　一、资产负债表的含义和主要内容 ··· (21)
　　二、资产负债表趋势分析 ·· (29)
　　三、资产负债表结构分析 ·· (32)
　第二节　利润表分析 ··· (40)
　　一、利润表分析的含义和主要内容 ··· (40)
　　二、利润表趋势分析 ·· (44)
　　三、利润表结构分析 ·· (46)
　第三节　现金流量表分析 ··· (51)
　　一、现金流量表的含义和主要内容 ··· (51)
　　二、现金流量表趋势分析 ·· (53)
　　三、现金流量表结构分析 ·· (56)
　　四、结合现金流量表分析营业收入和净利润质量 ··································· (57)

第三章　财务指标分析 ·· (69)
　第一节　公司盈利能力分析 ·· (69)
　　一、业务盈利能力分析 ··· (69)
　　二、经营盈利能力分析 ··· (71)
　　三、资产盈利能力分析 ··· (73)
　　四、资本盈利能力分析 ··· (75)
　第二节　公司运营能力分析 ·· (80)
　　一、总资产运营能力分析 ·· (80)
　　二、应收账款运营能力分析 ··· (82)

三、存货运营能力分析 ……………………………………………（83）
　　四、应付账款运营能力分析 ………………………………………（85）
　第三节　公司增长能力分析 …………………………………………（90）
　　一、总资产增长能力分析 …………………………………………（90）
　　二、收入增长能力分析 ……………………………………………（92）
　　三、净利润增长能力分析 …………………………………………（94）
　　四、现金流增长能力分析 …………………………………………（96）
　　五、总市值增长能力分析 …………………………………………（98）
　第四节　公司偿债能力分析 …………………………………………（103）
　　一、长期偿债能力分析 ……………………………………………（104）
　　二、短期偿债能力分析 ……………………………………………（106）
　第五节　杜邦分析法 …………………………………………………（110）
　第六节　上市公司特有财务指标 ……………………………………（116）

第四章　专题分析 ………………………………………………………（131）
　　一、比亚迪股份有限公司业务分析 ………………………………（131）
　　二、比亚迪股份有限公司风险分析 ………………………………（139）

参考文献 ………………………………………………………………（141）

第一章 财务报表分析概述

学习目标

1. 了解财务报表分析的含义。
2. 了解财务报表分析的发展历史。
3. 了解招股说明书、上市公司年报和行业研究报告的内容、重点和作用。
4. 掌握财务报表分析定性分析和定量分析方法,并能合理运用。

一、财务报表分析的含义

财务报表分析是一门以"三大报表"资料、管理层讨论与分析资料、同行业相关信息、国家宏观政策信息等定量和定性资料为依据,采用一系列专门的分析技术和方法,对公司等组织的筹资活动、投资活动、经营活动、偿债能力、盈利能力和营运能力状况进行分析与评价,为公司的投资者、债权人、经营者及其他关心公司的组织或个人了解公司过去、评价公司现状、预测公司未来、作出正确决策提供准确信息或决策依据的经济应用学科。

对于财务报表分析的认识主要有以下几种:

(1) 对外经济贸易大学张新民教授认为,基于"八看"财务分析框架:即看战略、看经营资产管理与竞争力、看效益和质量、看成本与费用机制、看价值、看项目质量、看风险、看前景,充分利用资产负债表、利润表、现金流量表等各种信息对公司的财务状况进行迅速判断,以识别公司风险,估算公司价值。

(2) 美国南加州大学 Walter B. Meigs 认为,财务报表分析是一种本质在于搜集与决策有关的各种财务信息,并加以分析与解释的技术。

(3) 美国纽约市立大学 Leopold A. Bernstein 认为,财务报表分析是一种判断的过程,旨在评估公司现在或过去的财务状况及经营成果,其主要目的在于对公司未来的状况及经营业绩进行最佳预测。

(4) 中国台湾政治大学洪国赐教授认为,财务报表分析以审慎选择财务信息为起点,作为探讨的根据;以分析信息为重心,以揭示其相关性;以研究信息的相关性为手段,以评价及核查其结果。

> **知识拓展**

合伙企业的基本规则

我觉得在此再次强调几个关于我们合伙企业的基本规则。当然有些合伙人会觉得这种反复的重复实在让人难以忍受,但我宁愿十个合伙人中有九个感到无聊郁闷,也不愿有一个合伙人误解了其中一些基本的规则。

(1) 任何保证给予一定回报率的承诺都是空话(我们这里当然也没有这种承诺)。

(2) 在任何一年中,如果我们未能取得6%的回报率,则下一年中那些选择每月收到一定资金的合伙人会发现收到资金将有所减少。

(3) 我们所提到的年回报率,是指我们投资组合的市场价值与其年初时的市场价值的对比。这跟我们的税收情况没有关联。

(4) 至于我们在一年里到底是做得好还是不好,主要要看道琼斯指数的情况而定,而不是看我们的绝对收益情况。只要我们战胜了道琼斯指数,我们就认为我们在这一年是做得比较好的,否则的话你们就应该无情地把西红柿扔向我的头。

(5) 虽然我认为5年是一个更加合适的时间段,但是退一步说,3年是最少最少的一个检测投资绩效的时间段。如果在累积3年(或更长)的时间里我们的投资绩效表现糟糕,那么无论是你们还是我自己都应该考虑一种更好的让资金保值增值的方式。

(6) 我从来都不懂如何去预测市场的未来走势,也不会试图去预测商业产业在未来的波动。如果你们认为我可以去预测这些东西,或者认为这些预测对于投资行为是非常重要的因素,那么你们就不应该加入这个合伙企业。

(7) 我不可能对最终的投资结果有所保证,而以下是我所能作出的承诺:

a. 我们的投资将是基于价值而非市场的流行观点进行的。

b. 我将致力于通过在最大范围内确保投资的安全边际来减少我们可能遇到的永久性资本损失(不是暂时性的短期损失)。

c. 事实上我以及我的妻子和孩子的全部净资产都投资在合伙企业当中。

(资料来源:1962年巴菲特致股东的信 https://www.gelonghui.com)

二、财务报表分析的起源和发展

1. 财务报表分析的起源

关于财务报表分析的起源,比较公认的说法是始于19世纪末至20世纪初期的美国。在美国工业大发展之前,公司规模较小,银行根据个人信用贷款。然而随着经济的发展,公司的业务日益扩大,组织日趋庞大与复杂,所需资金日益增加,向银行贷款的数额也相对增加,仅仅依据个人信用贷款已经不能满足美国工业的需求,银行也越来越重视贷款的安全性,由此产生了对公司偿债能力分析的需求。

对财务报表的分析需求是随着经济的发展而逐步发展起来的。

在1883年和1884年发生的两次经济危机中,公司用假账向银行贷款,造成贷款收不回来,公司破产倒闭,同时也连累贷款银行接连倒闭。于是,银行家们就更加关心公司的财务状况,特别是公司是否具有偿债能力。

1898年2月,美国纽约州银行协会的经理委员会提出议案:"要求所有的借款人必须提交由借款人签字的资产负债表,以衡量公司的信用和偿债能力。"

1900年,美国纽约州银行协会发布了申请贷款应提交的标准表格,包括部分资产负债表。此后,银行开始根据公司资产和负债的数量对比来判断公司对借款的偿还能力和还款保障程度,并且提出了诸如流动比率、速动比率等一系列的比率分析指标作为判断的依据。

1919年,美国学者亚历山大·沃尔(Alexander Wall)建议使用财务比率法来评价公司的信用,借以防范贷款的违约风险。此一时期,外界主要关注的是与公司资产负债表有关的偿债能力。

1923年,美国学者白利斯(James Bliss)在《管理中的财务和经营比率》一书中首次提出并建立了各行业平均的标准比率,自此人们开始使用行业的平均标准比率进行行业内的比较分析。

1924年,美国学者吉尔曼(Gilman)看到了标准比率和比率分析存在严重的缺陷,提出趋势分析法的必要性。面对快速变化的市场,5~10年对公司而言都会发生翻天覆地的变化,对未来趋势的判断将决定公司的生死存亡。

鉴于此,许多学者都同意财务报表分析起源于19世纪末至20世纪初期的美国,在大工业发展和对巨额资金需求的背景下,产生了比率分析法、标准分析法和趋势分析法等了解公司的财务报表分析方法。

2. 财务报表分析的发展

不同的学者按照不同的标准将财务报表分析的发展划分成不同的阶段。

王治安将财务报表分析发展划分为三个阶段:

(1) 20世纪中期及以前——以财务比率分析为主体的财务报表分析阶段。

(2) 20世纪中期至20世纪后期——以财务预测分析为主体的财务报表分析阶段。

(3) 20世纪后期及以后——以资本市场为主体的财务报表分析阶段。

这三个阶段代表了财务报表分析在工商业金融化方向的发展和演变,从最初对财务数据的描述到对企业未来发展的预测,再到优化资本市场资源配置,展示了财务报表分析的逐步深化和拓展。

冯龙飞以财务报表分析的目标的演进来分析财务报表分析的发展:

(1) 以了解企业基本财务状况为目标的信用分析。随着世界经济中心转移,财务报表和财务报表分析的主要突破与发展也随着转移到了美国。到了19世纪末20世纪初,美国企业在财务报表分析技术方面出现了许多重大的突破,尤其是以银行业为代表的信用分析和以铁路企业为代表的铁路建设投资分析。系统分析方法的出现和一些学者的研究使得财务报表分析方法从一般经验中逐步显现出来形成一门学科。例如,在信用分析方面,卡诺1906年出版的《比较财务报表》对以"速动比率大致应为2.50∶1.00"作为银行业放贷的标准的探讨等。在投资分析方面,穆迪著有《华尔街投资的方法》一书,认为通过仔细分析企业的财务状况,投资者可以更好地了解企业的健康状况和潜在的风险。1911年查柏林出版了《证券投资原理》一书,认为投资者应该在风险和回报之间寻求平衡。高回报往往伴随着高风险,投资者需要在追求回报的同时注意控制风险,并根据自身的风险承受能力作出投资决策。查柏林在其书中采用了伍德罗克的营业比率、毛利比率、营业费用比率等财务比率,在当时被称为经营效能比率,同时又提出了经营收入与各项收入之比率以及经营支出与各项成本费用之比率,以表示损益表各科目之间的构成关系。由于银行是主要的资金来源,所以这段时期的财务报表分析的重心在信用分析,资产负债表是最主要的报表。到了20世纪中期,财务分析家们发现,在利用财务比率进行分析时需要一些比较的基础。因此,有些学者开始研究比率的统计分布,并且开始考虑是否应该为不同类型的企业建立不同的比率标准,于是在信用分析领域逐步形成了财务报表分析的实用比率学派。

(2) 以了解企业盈利能力为目标的投资分析。美国银行家的"流动性主义"(liquidity doctrine)在1920至1921年商品萧条时期,经受了严峻的考验。那时,银行家们认为债务人在贷款到期时的偿还能力与收益能力无关,而与存货的变现有密切的关系。而在商品萧条时期美国的商品批发价格减少到40%,存货收缩到10亿美元,盘存商品的变现价值大大低于实际成本,现金流量减少,偿还贷款也变得困难起来。随着信用的丧失,银行家们看到了仅仅以流动性为基础的贷款政策的局限性,借款企业也认识到仅仅依靠银行的短期贷款就会使得自己的基础在衰退时期变得薄弱。所以,大量发行股票就成为一般企业扩大规模的资金源泉。当股票发行成为外部资金的主要来源,股东成为财务报表的主要使用者,财务分析的重心就从信用分析扩展到了投资分析,主要是盈利能力的分析,同时利润表也就成为更为重要的报表。

需要注意的是,由信用分析为重心转变为投资分析为重心,是由于资本市场的发展和企业融资来源的变化造成的,出现两者并存的状况,并非后者对前者的否定。从财务报表分析的起源我们也可以看到:财务报表分析向来就是随着报表使用者对信息的需求的变化而变化的。由于盈利能力(投资分析的主要方面)的稳定性是企业经营稳定性和财务稳健性的重要方面,企业的流动性很大程度上取决于盈利能力。同时,资产的变现能力与盈利能力也有着间接的联系,因此随着人们对财务分析的深入理解,信用分析或财务稳健性分析也自然包括了盈利能力分析。例如,这时的偿债能力分析不仅仅局限于资产负债之间的对比,而是把资产负债表和利润表结合起来分析。

(3) 以预测财务失败为目标的财务预警分析。20世纪30年代,以美国为代表的西方资本主义国家发生的经济危机使得大量的企业破产倒闭,关于财务失败的预测成为研究的热门话题。以预测财务失败为目标的研究者将财务报表分析的重心从对历史结果的分析转向对未来的预测——这被称为财务失败预测学派。该学派认为对未来事项的预测是财务报表分析的主要功能。经过长期的实证检验,有关偿债能力、盈利能力、营运能力、资本结构和发展能力等的财务比率能够对企业破产、财务失败、经营失败起到预警作用。

20世纪60年代,威廉·比弗和阿特曼分别采用单变量判别分析和多变量判别分析进行财务危机预测研究。

1968年10月,威廉·比弗在著名的《会计评论》上提出了单一比率模型,首次开始研究财务危机预警模型。他认为单一的财务比率能够预测企业未来的财务状况或财务失败。他提出的最为有效的比率包括:现金流量总额与企业的负债总额之比,净收益与企业资产总额的比较——资产利润率或资产收益率,债务总额与企业资产总额的比较——资产负债率等财务比率。

20世纪中后期,由于单一比率信息含量过少,人们则更加倾向于将单一的财务比率组合成为多变量的预测评价指标。

由美国财务学家爱德华·阿尔曼创立的"Z计分法"成为这一时期的重要代表,"Z计分法"通过五项财务比率的加权平均得到的指数对企业的财务失败进行预测。

20世纪80年代开始,随着人工智能和机器学习技术的发展,学者们开始将相关的技术引入财务危机预警领域。例如,1980年奥尔森首次将 Logistic 模型应用于财务预警领域。1992年夏克和范特选取47家财务危机公司和47家财务健康公司,采用神经网络模型预测财务危机,模型准确率达91%。1985年弗莱德曼等将决策树引入财务预警研究中。近来物联网、移动互联网、云计算技术的发展促进了信息的爆炸式增长,大数据概念也进入了人们的视野。人们把财务数据作为大数据的一部分,开始尝试使用数据挖掘等技术进行财务危机预警研究。

(4) 以改善经营管理为目标的内部分析。起初,银行家们通过分析企业的财务报表来决定是否发放贷款,通过财务报表分析来考察贷款的安全性成为银行从业者的基本技能。后来,企业在接受银行的分析与咨询过程中,逐渐认识到了财务报表分析的重要性,开始由被动地接受分析逐步转变为主动地进行自我分析,分析的结果一方面用于应对银行家们的责难,另一方面用于企业的经营管理。尤其是在第二次世界大战以后,企业规模不断扩大,特别是公司制的企业组织形式出现后,经营活动日趋复杂。商业环境的变化促使财务报表分析重心由外部转向企业内部。

自20世纪80年代全球经济进入一体化与知识化阶段以来,企业越来越明显地感受到来自国内外的双重压力,市场环境变幻莫测,经营条件日趋复杂,所有企业都面临着一个难题:如何在激烈的市场竞争中求得生存并力争获胜。于是,专注于企业经营管理的内部分析不断扩大和深化,成为财务报表分析的重心。此外,内部财务分析目标更加多元化,资料的可获得性也优于外部分析人员,这就为扩大分析领域、增强分析效果、发展分析技术提供了前提条件。

内部分析的最终目标是服务于企业战略的。一个好的战略是好的设想与好的分析结合的结果。运用价值分析进行投资和管理称为基于价值的管理。首席财务官的基本任务之一就是协调各种分析用于管理,他的责任就是作出最好的价值分析。因此,内部分析的关键也落在了对价值的评估之上,这与下面的资本市场分析有颇多的相似之处。

(5) 以企业价值评估和证券定价为目标的资本市场分析。现代会计是资本市场发展的产物,现代财务报表也是为了更多地为服务资本市场而建立起来的。资本市场的发展渗透到了社会经济生活的各个方面,理财学也将其研究的重点转向资本市场。"有效市场假说"和"资本资产定价模型"是在资本市场中研究财务报表分析的两个最重要的假说。财务报表分析逐渐被应用于解释和预测证券投资报酬及其风险水平,通过研究会计收益的性质及其与证券投资回报之间的统计关系,研究者们发现,非预期的会计收益的变化能够对证券投资的回报产生影响,因而得出的结论是,所有能够预测非预期会计收益变化的财务分析方法都是有用的。尽管财务报表分析不能解决企业投资价值评估的全部问题,但西方国家的实践证明,财务报表分析的确是现代投资者和证券分析师等评估企业投资价值的一种基本手段。财务报表分析是证券定价基础分析的重要组成部分,正如斯蒂芬·佩因曼在其《财务报表分析与证券定价》一书中所说:"财务报表是反映商业活动的透镜,财务报表分析便是通过透镜的校准使商业活动信息汇聚到一个焦点。"在资本市场日益发达的今天,为企业价值评估和证券定价目的进行的财务报表分析逐步成为财务报表分析的主要内容。

知识拓展

关于业绩的解释

去年我对于大多数基金经理未能取得超越市场平均水平的表现作出的解释如下：

（1）集体决策——我的可能带有偏见的观点是，优越的投资成果不可能会是集体讨论的结果，尤其不是集体决策的结果。

（2）潜意识地遵从有声望的投资机构的投资组合配置。

（3）声称必须建立"安全"的投资的组织架构而在支付报酬时却仅仅根据回报率来决定，而不考虑该投资收益所对应的资产组合所面临的风险水平。

（4）不理性的、强制性的资产配置的多样化要求。

（5）最后一点，同时也是尤为重要的一点——惯性。

我们的多样化程度远远低于大多数的投资机构。我们可能会将净资产的40%都投入一只股票，只要我们认为该投资意味着巨大的回报，同时使得该投资标的的价值发生剧烈改变的可能性很小。

真实的世界却远非如此理想，我们必须非常勤奋地工作才能找到少数的几项具有足够吸引力的投资项目（比如能够在一年中超越道琼斯10%）。而具体到每一项的投资比例上则取决于我们对它的预期收益水平以及实现该预期的确定性。

（资料来源：1965年巴菲特致股东的信　https://www.gelonghui.com）

三、财务报表分析所需资料

（一）招股说明书

招股说明书是指股票发行人首次公开发行时披露的重要书面文件。其主要内容涵盖公司的历史沿革、股权结构、经营计划、业务和行业信息、财务信息、本次募资投资项目、本次发行股票的相关信息等方方面面，是公开发行股票时最为全面反映发行人信息的文件。阅读招股说明书应该重点关注三大内容：公司的业务和技术、股东结构和公司面对的风险因素。

发行人应以投资者投资需求为导向编制招股说明书，为投资者作出价值判断和投资决策提供充分和必要的信息，保证相关信息的内容真实、准确、完整。凡对投资者作出价值判断和投资决策有重大影响的信息，均应在招股说明书中披露。发行人、保荐机构及律师需要按照中国证监会发布的格式准则进行编写，并按照监管机构的审核意见进行修改、补充和完善，不同板块[上海证券交易所的主板和科创板；深圳证券交易所的主板、中小公司板（中小板）和创业板；北京证券交易所服务于创新型中小微公司，提供股票、债券、资产支持证券（ABS）等多元化金融产品的发行和交易服务]的发行人所披露的招股说明书略有差异。

虽然不同企业的招股说明书表达的内容不尽相同，但是不同的招股说明书都有其共性。相关研究人员在阅读中不断思考、提炼和修正，最后总结出阅读招股说明书的LROE法则：

L是Logic,代表的是逻辑思维;R是Risk,代表的是风险思维;O是Operation,代表的是运营思维;E是Estimation,代表的是估值思维。这四点是招股说明书的共性。因此,运用LROE法则是阅读招股说明书的有效方法,能迅速明白要领,起到事半功倍的效果。

知识拓展

中国三大主要证券交易所

1. 上海证券交易所

上海证券交易所(英文:Shanghai Stock Exchange,中文简称:上交所)于1990年11月26日成立,并在同年12月19日正式开业。

上交所主要分为两大板块:主板和科创板。

(1)主板:主板主要服务大型、成熟公司,特别是国有公司和金融类公司。这些公司通常拥有较高市值和稳定的盈利能力。股票代码以600、601、603开头,例如:中国平安(601318)。

(2)科创板:科创板于2019年成立,专为科技创新型公司提供服务,采用注册制。该板块服务于具有创新能力和成长性的高科技公司,尤其是新一代信息技术、高端装备、新材料、新能源、生物医药等领域的公司。股票代码以688开头,例如:中芯国际(688981)。

2. 深圳证券交易所

深圳证券交易所(英文:Shenzhen Stock Exchange,中文简称:深交所)于1990年12月1日成立,是中国大陆第二大证券交易所。

深交所的主要板块包括主板、中小公司板(中小板)和创业板。

(1)主板:深交所主板与上交所主板类似,主要服务大型、成熟公司,但更注重民营公司和中小公司。股票代码以000开头,例如:TCL科技(000100)。

(2)中小公司板(中小板):中小板2004年成立,专为成长性较强、市值较小的中小公司提供服务。中小板涵盖了多个行业领域,如制造业、信息技术和消费品等。股票代码以001—004开头,例如:东华软件(002065)。中小板已于2021年2月与深交所主板合并。

(3)创业板:创业板于2009年成立,专为具有创新能力和成长性的小型公司提供服务,实行注册制。创业板公司通常在新兴产业和高科技领域具有较高的市场份额和竞争力。股票代码以300开头,例如:乐普医疗(300003)。

3. 北京证券交易所

北京证券交易所(英文:Beijing Stock Exchange,中文简称:北交所)于2021年9月3日注册成立。

北交所主要服务于专精特新小巨人企业,提供股票、债券、资产支持证券(ABS)等多元化金融产品的发行和交易服务。北交所股票代码一般以43、83、87开头,例如:广夏环能(873703)。

(资料来源:https://m.guzhang.com/zhengqjys/24266.html)

招股说明书内容的逻辑类似于一个人找对象的逻辑。

要想知道招股说明书的逻辑，就应该先知道招股说明书不同部分的大致内容。以比亚迪股份有限公司的招股说明书为例①，比亚迪股份有限公司的招股说明书的主要内容分为十七节，分别为第一节"释义"，第二节"概览"，第三节"本次发行概况"，第四节"风险因素"，第五节"发行人基本情况"，第六节"业务和技术"，第七节"同业竞争与关联交易"，第八节"董事、监事、高级管理人员及其他核心人员"，第九节"公司治理"，第十节"财务会计信息与管理层分析"，第十一节"管理层讨论和分析"，第十二节"业务发展目标"，第十三节"募集资金运用"，第十四节"股利分配政策"，第十五节"其他重要事项"，第十六节"有关声明"，第十七节"备查文件"。

第一节"释义"相当于中间人介绍双方前的铺垫，在于拉近双方之间的关系，促进双方的了解。对企业而言，就是你能清楚地了解它所处的行业，比如什么是新能源汽车，什么是二次充电电池。

第二节"概览"相当于中间人在向你大致地介绍对方的基本情况，以便你对其进行初步判断。对企业而言，就是你能初步了解它的主要控制人情况、产品情况、收入情况等。

第三节"本次发行概况"相当于你去了解对方的找对象的动机是什么，如果你是为了一两年内结婚，而对方只是为了谈恋爱，你就能初步判断你们在一起的可行性有多大。如果企业的发行价格高于你的预期，或者你识别出它的发行目的动机不纯，你完全可以不进行投资。

第四节"风险因素"相当于在了解对方的为人方式和生活习惯之后对你们能否生活在一起做一个初步的预估，如果对方的有些习惯你实在无法接受，比如没有时间观念、约会经常迟到，那么你就可以选择终止交往。企业在运营过程当中会遇到各种风险，比如法律风险、市场激烈竞争的风险、产品无法满足客户需求的风险。以产品无法满足客户需求的风险为例，如果你判断出公司的研发能力无法满足客户对产品快速更新换代的需求，或者将会有新兴的技术完全颠覆公司的核心技术，那么你对公司的估值将会大打折扣，甚至放弃投资。

第五节"发行人基本情况"相当于你去详细了解对方的成长经历、情感经历、家庭背景等信息。招股说明书会在"发行人基本情况"中详细介绍发行人成长历程、运营情况、组织结构等基本信息。企业的发展历史相当于一个人的成长经历，企业的并购重组情况相当于一个人的情感经历，企业的股东信息以及股权结构情况相当于一个人的家庭背景。

第六节"业务和技术"相当于你去了解对方的真才实学和工作内容。公司的业务和技术是公司生产力的直接体现，也是一家公司在市场中竞争力的侧面反映。现在绝大多数行业都处于激烈的竞争当中，公司的产品和服务等业务是公司对外的窗口，是顾客选择你、信赖你的主要依据，技术则是业务的有力支撑和完善甚至改进业务的根本动力。

第七节"同业竞争与关联交易"相当于你去了解对方工作的稳定性和发展前景。比如一个人做生意的形式与他父母做生意的形式完全一样，甚至只是其父母生意的一部分，那么他自身的持续发展将存在极大的不确定性，他很有可能扮演的是配角，甚至是傀儡角色。再比如一个人是公司的部门经理，但是他个人能力极差，无法服众，他之所以能处于这个位置是因为他的伯父是主管该部门的副总裁。一旦伯父离职，或者被削权，那么他在公司的发展将严重受到影响，甚至存在被解聘的可能。对企业而言同样是这样，同业竞争和关联交易严重

---

① 本书所引用的比亚迪股份有限公司的各种相关数据皆来自于其公开发布供公众了解其经营状况的相关资料。

影响公司的持续发展,会使公司的发展陷入巨大的风险当中。

第八节"董事、监事、高级管理人员及其他核心人员"相当于你去了解对方身边朋友。人脉往往蕴含着很多信息,好友的能力往往决定了你的能力,好友能调动的资源范围往往决定了你能调动的资源范围。对企业而言,董事、监事、高级管理人员及其他核心人员就相当于一个人身边的好友。董事的管理能力决定了董事会对公司的管理能力,销售总监的营销能力决定了公司的营销水平,核心研发成员的研发能力决定了公司整体的研发水平。

第九节"公司治理"的内容相当于一个人的生活习惯、为人处世的方式以及人生观、价值观和世界观。公司治理主要讲解公司的各种规则制度,比如董事会运营制度、监事会运营制度等,它们是规范公司的行为的规章。而在深层次规范一个人行为的事物是他的生活习惯、为人处世的原则以及人生观、价值观和世界观。在熟悉公司治理制度之后,能较为系统地了解公司的行为是否合理。

第十节"财务会计信息与管理层分析"相当于去了解一个人的财务情况,包括收入情况、开支情况等。内容主要包括公司资产负债表、利润表和现金流量表等信息,以及管理层对公司的主要财务数据分析。财务情况是公司进行估值的主要依据。

第十一节"管理层讨论和分析"相当于影响两人婚姻是否幸福的主要因素,内容主要包括国内外宏观经济形势、产业政策、国家税收政策、汇率及利率波动、原材料价格和生产工艺、经营管理水平等。

第十二节"业务发展目标"相当于两人对未来生活的展望,对未来婚姻生活和家庭生活的规划。这一节的内容阐述的是公司的发展战略问题,是基于以上所有内容,如股东信息、管理层信息以及财务情况等,对未来的规划,目的在于向外界描绘一幅蓝图,吸引志同道合的人参与。

第十三节"募集资金运用"相当于明确两人在一起后的规划和定位恋爱中不同人的角色甚至在未来家庭中所扮演的角色。募集资金运用中的内容则是详细介绍此次募资所建设的项目及建设项目的意义,目的在于让大众明白公司为什么要募资以及募资的意义。

第十四节"股利分配政策"、第十五节"其他重要事项"、第十六节"有关声明"、第十七节"备查文件"则是对其他信息的补充,保证所述内容的可靠性和真实性。

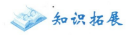

永远不要冒资本永久损失的险

截至2023年12月31日,伯克希尔公司前五大持仓股票为苹果(1 743亿美元)、美国银行(348亿美元)、美国运通(284亿美元)、可口可乐(236亿美元)和雪佛龙(188亿美元)。这五家公司占公司持股的79%。

伯克希尔公司的一条投资规则没有也不会改变:永远不要冒资本永久损失的风险。多亏了美国的"顺风"和复利的力量,如果你在一生中作出了几个正确的决定,避免了严重的错误,那么我们经营的领域一直是将得到回报。

(资料来源:2023年巴菲特致股东的信　https://www.gelonghui.com)

（二）上市公司年报

截至2023年底，沪深京三地上市公司已达5 346家，其中上海证券交易所上市公司2 263家、深圳证券交易所上市公司2 844家、北京证券交易所上市公司239家。年度报告披露由于及时性要求集中在一个较短的时间段内公布，大量年度报告的"文山字海"令许多想完整阅读年度报告的投资者无暇应付。多数人对年度报告的阅读往往是走马观花，一晃而过。这种匆匆而过的年度报告阅读方式与不读年度报告没有实质性差别。投资者不可能从对年度报告的惊鸿一瞥中发现年度报告中透露的有价值的信息。但要对每家上市公司的年度报告全面地仔细阅读与分析，对多数投资者甚至许多专业人士来说，也是不现实的。

知识拓展

企业对财务数字的粉饰

20世纪60年代，当时企业粉饰财务数字的情况非常普遍。曾经有这样一个故事，一个公司即将上市，这个公司的首席执行官问备选的审计师："二加二等于几？"一个审计师回答道："首席执行官你心里想的数字是多少呢？"这个审计师最终拿下了这个工作机会。

（资料来源：2016年巴菲特致股东的信　https://www.gelonghui.com）

由于年度报告所披露的信息、内容是针对所有的年度报告读者，它包括上市公司现有股东、潜在的投资者、债权人及其他各种性质的读者。作为普通投资者想要了解和研究的主要内容、信息往往集中在年度报告的几个重要部分中的少数地方。抓住了这些部分的要点，投资者就可对上市公司基本情况有一个初步的了解。这些信息主要集中在上市公司简介和主要财务指标、经营情况讨论与分析、财务报告三部分。

公司简介和主要财务指标向投资者提供了上市公司年度内的诸如营业收入、归属于上市公司股东的净利润、归属于上市公司股东的每股净资产、每股经营活动产生的现金流量净额等基本的财务数据和指标。

经营情况讨论与分析向投资者陈述了报告期内上市公司行业分析、业务回顾、核心竞争力、主营业务分析和财务状况、投资情况等基本信息。

财务报告包括审计报告及资产负债表、利润表、现金流量表、股东权益变动表四大财务报表等内容。

在审计报告中，注册会计师就年度报告本身编制时是否规范，所提供的信息是否真实向投资者提供了专业的分析。信息质量的高低是投资者能否从年度报告中发掘有价值线索的关键。

知识拓展

巴菲特看财务报表

实际上，做生意最讲究的无非就是资产回报率的大小和收益率的稳定性。从这一点上

讲,买股票的评价模式应当也是一样的。如果我们做实业收购一个公司,恐怕首先检查的是它的资产负债情况,然后是现金流情况,最后才是收入利润表吧。实际上最好是没有账面利润,还有一大堆过往的亏损可以避税。换句话说,三大表股票市场关注的顺序是收入利润表、现金流量表、资产负债表;实业投资应当相反。但是在股票市场上,为何大家总是把注意的顺序倒过来呢?这是否揭示了股票市场中的大多数参与者是来进行博弈的呢?如果是的,解释起来倒容易了。反正是博弈,利润增长是股价上涨最好的由头,所以当然是关注的焦点。注意,一旦这种思维模式形成,对投资的理解就很难与实业投资相符合了。

(资料来源:https://xueqiu.com/2858189581/49023725)

知识拓展

股市的力量

美国的经济成就已经为股东们带来了惊人的利润。在20世纪,道琼斯工业平均指数从66点涨至11 497点,实现了17 320%的资本收益,其中大部分得益于稳定增加的分红。这一趋势将持续下去——截至2016年底,该指数又增长了72%至19 763点。

美国企业和一揽子股票在未来将必定更有价值。创新、生产力发展、企业家精神和富足的资本都将有所帮助。无处不在的怀疑论者们可能通过宣传他们的悲观预期而发迹。但是如果他们按照他们宣传的废话行动,那么只有上帝才能帮助他们了。

当然,许多企业将被甩在后面,一些企业将倒闭。这些企业被淘汰是市场活力的结果。

(资料来源:2016年巴菲特致股东的信 https://www.gelonghui.com)

(三)行业研究报告

行业研究报告是针对整个行业的综合报告,准确地说是通过大量的一手市场调研数据进行深入分析,全面剖析当前行业发展的总体市场容量、市场规模、竞争格局、进出口情况和市场特征需求,以及行业重点公司的产销运营分析,并根据各行业的发展趋势及实践经验,对各行业未来的发展趋势作出准确的分析与预测。

那么,行业研究本身究竟有什么样的目的呢?对行业研究的目的进行区分,一种是"表象目的",另一种是"本质目的"。在论述"本质目的"及其体系框架之前,先仔细分析一下"表象目的",可以说,在能公开获取的研究报告中,超过95%的报告都集中于这四类"表象目的",或者根本没有目的性。

1. 行业研究的"表象目的"

(1)形式即目的。由于委托代理关系的存在,行业研究的目的并不一定全是"本质目的"。例如,由于一些形式主义流程的存在,需要满足公司内外部合规性的要求,往往需要撰写一些"可行性报告",然而通常情况下并没有最终责任人为"可行性研究报告"的结果负责,直接业务人员往往也并不会按照"可行性报告"中的路径去开展业务。因此可以说,只要有行业研究报告的形式,就已经满足了目的,我们称之为"形式即目的"。

（2）信息即目的。在另一些情况下，行业研究的目的是了解行业的基本情况和信息，对行业信息进行系统有序的梳理。这类行业研究，只需要归纳基本信息，并不需要产生明确观点，有时甚至能画出很好看的"行业全景图"，展现行业内公司的一些产业链和逻辑关系。

例如新冠疫情中有些研究报告就画出了"口罩生产公司地图"，这类报告的目的即"了解口罩生产公司名录"，并不需要去分析口罩行业的趋势、竞争格局、竞争要素等。我们称之为"信息即目的"。

（3）说服即目的。有一种相对常见的行业研究报告类型，其目的在于"说服"——说服领导、说服合伙人、说服协同部门、说服合作伙伴，对一些既成观点认可，并推动下一步的工作。这类报告往往对于信息的采集、分析的逻辑、报告的呈现形式进行了有目的性的筛选，以让报告受众信服为根本目的，并不在意报告结论的正确性或客观准确性。

当然，一般来说，投资研究报告也需要有说服力，但投资研究报告中，"说服"本身不是根本目的，正确判断行业并通过投资盈利才是根本目的。

（4）影响即目的。还有一种研究报告，也是经常能免费看到的行业研究报告，其观点往往很有争议，很吸引眼球，很有传播力，极具感染力，甚至偏向极端，这类研究报告的目的是产生"影响力"。公开发布的报告一般多少都会具有一点"影响即目的"的因素，但并不一定仅仅追求影响力，例如券商研究所的研究报告，如果没有影响力，无法形成广泛传播，研究员在资本市场中的价值也就相对有限；一些咨询公司的公开报告，形式华丽，表格美观，格式严谨，其重要目的也是产生"专业感"和"影响力"，以便在未来获取政府或公司客户的商业合作机会。"影响即目的"并没有什么不好，兼顾影响力和客观性的研究报告会成为经典。但是"唯影响即目的"的报告往往会缺乏客观性，难以进行二次应用。

知识拓展

树不能长到天上

Tri-Continental Corp.是美国最大的封闭式投资公司（总资产4亿美元），它的年度收益率是5.7%。Tri-Continental的总裁Fred Brown最近在分析师协会做了一次演讲，他是这么评论1959年的股市的：虽然我们非常看好我们的投资组合，但是我们对Tri-Continental在1959年的市场表现感到失望。在1959年这样的市场中，占据主导的是投资者的感性和热情，我们注重价值和长期投资的基金管理人很难在这样的环境中投资。我们没胆量像别人那样飞上高空，直穿云霄。Tri-Continental管理的是投资者的资金，承担着信托责任。作为一家投资机构，我们要控制风险。我们对自己的投资组合有信心，对明年有信心。

也许新的价值标准正在形成，旧标准将被彻底取代。但其实，我认为这样的事不会发生。也许我说的是错的，但是，我宁愿承担因为过度保守而受到的损失，也不想因为犯错而吞下恶果，去相信所谓树能长到天上去的鼓吹，这可能会遭受无法挽回的本金亏损。

（资料来源：1959年巴菲特致股东的信　https://www.gelonghui.com）

2. 行业研究的"本质目的"

上述四种"非本质目的"的研究，虽然也有自身存在的理由，其技巧性与聚焦于"本质目的"的研究完全不同,通常也不能被用于决策。因此,我们重点讨论的是基于决策目的的行业研究——包括投资决策、经营决策、政策决策。在这三者中,以"投资决策"为目的的研究方法,通常重点需要回答的问题是"是什么?"及"为什么?"而不太涉及"怎么办?"而以"经营决策"和"政策决策"为目的的行业研究需要回答"怎么办?"的问题,涉及的问题往往会更复杂一些。

研究目的不同,会造成研究方式的不同,进而研究的成果通常也完全不同。明确研究目的,对行业研究来说,可以更有针对性、更高效、更直达本质。带着明确的目的阅读他人的研究报告,也能适度纠偏,获取有价值的信息和认知,例如理性的机构投资者对于券商研究报告中的盈利预测往往会打些折扣,原因是考虑到券商发布的研究报告含有其自身的目的。

一般来说,需要进行"本质目的"行业研究的人,通常在资本市场相关投资领域工作(券商研究所、公募/私募基金公司、一级市场风险投资与私募股权投资、个人投资等),或是在大型公司的战略部、投资部、市场部工作,或为初创公司的创始人和管理层人员等,也可能是政府部门相关业务人员。

3G资本与巴西三剑客

3G资本的前身是名不见经传的加兰蒂亚。加兰蒂亚在控股美洲商店小试牛刀后,便开始了令人眼花缭乱的产业征程。

加兰蒂亚是雷曼创立的第一家投资机构。为了将加兰蒂亚做大做强,加兰蒂亚以高盛为师。高盛是有史以来最为成功的投行。尽管高盛是一家银行控股的公司,但依然以私人合伙制的形式运行,完全为其高管所控制。这一模式对投行来说是适用的:兼并与收购、股权与债券承销、销售与交易这些轻资产业务能给公司带来巨大的股权回报。多年后,雷曼说:"我们从高盛那里学到了精英体制、高强度员工培训和为人才提供成长机会的必要性。"

1989年,加兰蒂亚以6 000万美元的价格收购了巴西最大的啤酒企业:布哈马。当时,加兰蒂亚的合伙人对此意见很大,因为时间紧迫,连财务和法律尽职调查都没做。这次交易完成后,布哈马公司养老金计划的巨大财务黑洞露出水面。雷曼却说:"直觉告诉我应当继续交易。一个活力四射的热带国家,啤酒产业做得太糟糕了。与这种前景相比较,卢拉或科洛尔谁赢得选举以及养老金计划是否有问题都无关紧要。"

2008年,3G资本以520亿美元收购世界第一大啤酒公司——百威啤酒,对世界啤酒业的影响不亚于一场8级大地震。

2016年,3G资本以1 040亿美元收购世界第二大啤酒公司——南非米勒。至此,3G资本拥有世界啤酒业30.5%的市场份额,成为世界啤酒业霸主。

(资料来源:3G资本,全球食品饮料行业的隐形霸主 http://www.360doc.com/content/16/1120/08/8456313_607900345.shtml)

四、财务报表分析方法

(一)财务报表定性分析方法

定性分析方法是指对公司各项财务指标、数据、信息以及预测的合法性、合理性、可行性、有效性进行科学的论证和说明。这一步骤是在定量分析的结果基础上,根据国家有关财务制度、法规和政策进行相互联系的研究,考虑各种不可计量的因素加以综合论证,对定量分析结果进行切合实际的修正。

定性分析的方法一般有经验判断法、会议分析法、专家分析法、类比分析法。

1. 经验判断法

经验判断法是指分析人员在了解过去和现实资料以及定量分析结果的基础上,充分考虑公司内外条件变化,运用个人的经验和知识作出判断。缺点:经验判断法容易受到分析人员主观意识和个人经验的影响,导致结论的偏颇性。

2. 会议分析法

会议分析法是指由分析人员召集对分析对象熟悉、有经验的人员开会,按照预先拟定的分析提纲进行分析、研究、讨论。通常采用公司领导、技术人员、工人三结合的方式,或者开现场分析会议的方式,充分发扬民主,广泛征求意见,然后把各方面的意见整理、归纳、分析以判断未来的情况并作出分析结论。缺点:在会议中达成一致意见可能会面临挑战,特别是当意见分歧较大或者存在利益冲突时,决策制定可能会受到影响。

3. 专家分析法

专家分析法是指邀请一组专家开会座谈,在相互交换情报资料、充分讨论的前提下,把专家们的意见集中起来,作出综合分析判断,对定量分析结果进行修正。缺点:专家分析法局限于专家个人的经验和知识范围,可能会忽略其他方面的因素,导致分析结果不够全面。

4. 类比分析法

类比分析法是指分析者在掌握与分析对象有关的过去的资料、现在的情况等有关数据及其变化规律的基础上,利用所掌握的这些资料与其分析对象之间的类比性来进行推测。缺点:类比分析法可能会过度简化问题,忽略了问题的复杂性和特殊性,从而导致形成不完整或不准确的分析结果。

知识拓展

成功源自少数关键决策

现在来看,我的成绩单是合格的。在伯克希尔58年的运营中,我的大部分资本配置决策都不怎么样。在某些情况下,我的一些坏棋被大量的运气挽救了。还记得我们从美国航空公司(USAir)和所罗门公司(Salomon)的近乎灾难中逃生吗?我确实逃脱了。

我们令人满意的业绩来自十几个真正正确的决策——大约每五年一个——以及一个有时被人淡忘的优势,这个优势有利于伯克希尔这样的长期投资者。随着时间的推移,只需要可口可乐、美国运通、苹果等几个赢家就能创造奇迹。而且,是的,尽早开始并活到90多岁也是很有帮助的。

（资料来源:2022年巴菲特致股东的信　https://www.gelonghui.com）

（二）财务报表定量分析方法

财务报表定量分析方法主要有趋势分析法、比率分析法、比较分析法和因素分析法。

1. 趋势分析法

趋势分析法是指将两期或连续多期财务报告中相同指标进行对比,确定其增减变动的方向、数额和幅度,以说明公司财务状况和经营成果变动趋势的一种方法。

趋势分析法的具体运用主要有以下两种方式:

(1) 定基动态比率。定基动态比率是以分析期数额与固定的基期数额为基础计算出来的动态比率。其计算公式为:

$$定基动态比率＝分析期数额÷固定基期数额$$

据世界银行的数据,按2015年的不变美元(刨除了通胀和汇率变化)计算:从1978年到2022年,中国的GDP年均同比增速高达9.1％。在相同的口径下,1978年中国的GDP为3 644亿美元,而2022年这一指标已增长至163 252亿美元,增长了约44倍。这样跨越式的经济发展恐怕是当初许多人都没有想到的事情。

(2) 环比动态比率。环比动态比率是以分析期数额与前期数额为基础计算出来的动态比率。其计算公式为:

$$环比动态比率＝分析期数额÷前期数额$$

根据世界银行的数据,按照2015年不变美元计算,2022年中国的GDP同比增速为3.0％。2013年中国的GDP同比增速为7.8％。2007年中国的GDP同比增速为14.2％。可以说,中国的经济增速有所回落。

知识拓展

"道指"是我们的衡量标准

问题在于,什么是好,什么是差,我们一定要达成一致。衡量标准应该事先定好。事后再找参照标准,无论业绩如何,总能找到更差的。

我一直把"道指"作为我们的衡量标准。我的个人观点是要检验投资表现,至少要看三年时间,最能检验出真实水平的是期末"道指"点位与期初"道指"点位很接近,看此期间投资表现如何。

什么衡量标准都不十全十美,"道指"也如此,但是参照"道指"的好处是,它众所周知、历史悠久,可以相当准确地反映一般投资者的表现。我不反对使用其他标准来衡量股市表现,例如,可以用其他的指数、大型基金、银行共同信托基金等。

(资料来源:1961年巴菲特致股东的信 https://www.gelonghui.com)

(二) 比率分析法

比率分析法是一种利用财务报表中两项相关数值的比率揭示公司财务状况和经营成果的分析方法。根据分析目的和要求的不同,比率分析法主要有以下三种:

1. 构成比率

构成比率又称结构比率,是某个经济指标的各个组成部分与总体的比率,反映部分与总体的关系。其计算公式为:

$$构成比率=某个组成部分数额÷总体数额$$

国家统计局数据显示,2023年中国GDP为126万亿元,中国经济前四强:广东、江苏、山东和浙江四省GDP合计占中国GDP比重约为35%。

2. 效率比率

效率比率是某项经济活动中所费与所得的比率,反映投入与产出的关系。利用效率比率指标,可以进行得失比较,考察经营成果,评价经济效益。如销售费用与营业收入的比率是否合适? 管理费用与营业收入的比率是否合适?

国家统计局发布报告称,2015年我国单位劳动产出只有7 318美元,低于世界平均水平18 487美元,与美国的98 990美元相比,差距更大。收入的差距源于劳动生产率,2015年我国劳动生产率水平仅为世界平均水平的40%,是美国的7.4%。此消息一公布,就引来社会关注。同样重要的是,在近20年内,与美国、欧元区、日本、印度和世界平均水平相比,中国的劳动生产率增速是最快的。1996年到2015年的20年间,中国的劳动生产率大幅提高,年平均增速为8.6%,大大高于1.3%的同期世界平均水平,明显高于美国1.6%的增速。

3. 相关比率

相关比率是根据经济活动客观存在的相互依存、相互联系的关系,以某个项目和与其有关但又不同的项目加以对比所得的比率,反映有关经济活动的相互关系。

比率分析法的优点是计算简便,计算结果容易判断,而且可以使某些指标在不同规模的公司之间进行比较,甚至也能在一定程度上超越行业间的差别进行比较。但采用这一方法时对比率指标的使用应注意以下几点:

(1) 对比项目的相关性。计算比率的分子项和分母项必须具有相关性,把不相关的项目进行对比是没有意义的。

(2) 对比口径的一致性。计算比率的分子项和分母项必须在计算时间、范围等方面保持口径一致。

(3) 衡量标准的科学性。运用比率分析,需要选用一定的标准与之对比,以便对公司的财务状况作出评价。

通常而言,科学合理的对比标准有:① 计划标准;② 历史标准;③ 行业标准;④ 标杆标准。

（三）比较分析法

比较分析法是一种用于比较两个或多个对象、事物、概念或情况之间的相似性和差异性的分析方法。通过比较分析，可以帮助人们更好地认识公司所处的竞争地位和差距。比较分析法可以从两个层面进行比较：

1. 与行业平均水平比较

与行业平均水平比较大致可以看出公司在行业中所处的竞争地位。2023年全球汽车销量突破8 918万辆。销量前三分别是丰田汽车1 065万辆、大众汽车880万辆、现代汽车689万辆。比亚迪汽车销量排名第九。

2. 与行业领先者比较

与行业领先者比较大致可以看出自身与行业领先者的差距。2023年全球新能源车销量突破1 300万辆。销量前三分别是比亚迪汽车288万辆、特斯拉汽车180万辆、宝马汽车50万辆。比亚迪汽车优势巨大。

公司的内在价值

有一件事情你可以确信：无论伯克希尔最终业绩如何，我的合伙人查理·芒格——公司的副董事长和我都不会改变业绩标准。我们的工作就是以一个比标普指数更快的速度增加公司的内在价值——我们使用账面价值作为其近似值。如果我们成功了，即使各年份的波动难以预测，伯克希尔的股价长期来看会超越标普指数。如果我们失败了，我们没有给投资者带来任何价值，因为直接买一只低费率的指数基金也可以获得同样的回报。

查理和我相信，伯克希尔的内在价值会持续以略高于标普指数的水平增长。我们的信心来源于公司优秀的业务、能干的经理人团队以及以股东利益为导向的公司文化。我们的相对业绩在市场向下或者表现平平的时候要好一些。在市场上涨强劲的年份，请预期我们将会暂时落后。

（资料来源：2012年巴菲特致股东的信　https://www.gelonghui.com）

（四）因素分析法

因素分析法也称连环替代法，它是用来确定几个相互联系的因素对分析对象影响程度的一种分析方法。采用这种方法的出发点在于，当有若干因素对分析对象发生影响作用时，假定其他各个因素都无变化，按顺序确定每一个因素单独变化所产生的影响。如分析净资产收益率时，将其具体分解成三个指标进行分析，如图1.1所示。

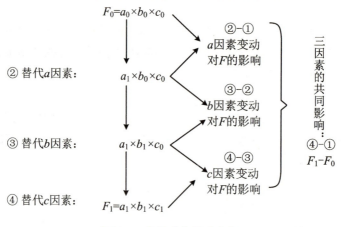

图1.1　净资产收益率分析

我们的投资方法

我们的投资可以分为三个类型:这三个类型的投资各有各的特性,我们的资金在这几类投资中的分配情况,会对我们每年相对"道指"的业绩产生重要影响。每类投资的占比是按计划来的,但实际分配要见机行事,主要视投资机会情况而定。

第一类是被低估的股票。在此类投资中,我们对公司决策没话语权,也掌控不了估值修复所需时间。这些年来,在我们的投资中,被低估的股票是占比最大的一类,这类投资赚的钱比其他两类都多。此类投资有时候很快就能获利,很多时候要用几年时间。在买入时,基本不知道这些被低估的股票怎么能涨,但是正因为黯淡无光,正因为短期内看不到任何利好因素带来上涨,才能有这么便宜的价格。

第二类投资是"套利"。在套利类投资中,投资结果取决于公司行为,而不是股票买卖双方之间的供给和需求关系。套利机会会出现在并购、清算、重组、分拆等公司活动中。近些年,套利机会主要来自大型综合石油公司收购石油生产商。在很大程度上,无论"道指"涨跌如何,套利投资每年都能带来相当稳定的收益。我自己规定了一个限制条件,借来的钱不能超过合伙基金净值的25%。我们一般不借钱,借钱的话,都是用于套利。

第三类是"控制类"。在此类投资中,我们或是拥有控股权或者是大股东,对公司决策有话语权。衡量此类投资肯定要看几年时间。当我们看好一只股票,在收集筹码时,它的股价最好长期呆滞不动,所以在一年中,控制类投资可能不会贡献任何收益。此类投资同样受大盘影响相对较小。有时候,一只股票,我们是当作低估类买入的,但是考虑可能把它发展成控制类。如果股价长期低迷,很可能出现这种情况。如果我们还没买到足够的货,这只股票就涨起来了,我们就以涨起来的价格卖掉,成功完成一笔低估类投资。

(资料来源:1961年巴菲特致股东的信　https://www.gelonghui.com)

课后复习题

一、单选题

1. 财务报表分析的主要目的是什么?( )
   A. 评估公司的偿债能力　　　　　　B. 预测公司未来的财务状况
   C. 提供决策所需的准确信息或依据　D. 仅为公司内部使用

2. 以下哪项不是财务报表分析所需资料?( )
   A. 招股说明书　　　　　　　　　　B. 上市公司年报
   C. 行业研究报告　　　　　　　　　D. 员工手册

3. 以下哪项不是财务报表分析中的定性分析技术?( )
   A. 经验判断法　　　　　　　　　　B. 会议分析法
   C. 专家分析法　　　　　　　　　　D. 趋势分析法

4. 在财务报表分析中,以下哪项不是比率分析法的类型?( )
   A. 构成比率　　　　　　　　　　　B. 效率比率
   C. 相关比率　　　　　　　　　　　D. 环比动态比率

5. 以下哪项不是财务报表分析所需考虑的因素?( )
   A. 公司的偿债能力　　　　　　　　B. 公司的盈利能力
   C. 公司的营运能力　　　　　　　　D. 公司员工的满意度

6. 以下哪项不是财务报表分析的定量分析结果进行修正时需要考虑的因素?( )
   A. 国家有关财务制度　　　　　　　B. 法规和政策
   C. 不可计量的因素　　　　　　　　D. 公司员工的学历背景

7. 在财务报表分析中,以下哪项不是构成比率分析的目的?( )
   A. 考察总体中某个部分的形成和安排是否合理
   B. 协调各项财务活动
   C. 预测公司的市场表现
   D. 以上都不是

8. 以下哪项不是比率分析法的优点?( )
   A. 计算简便　　　　　　　　　　　B. 结果容易判断
   C. 可以用于不同规模公司间的比较　D. 完全不受行业特性的影响

9. 以下哪项不是因素分析法的分析步骤?( )
   A. 确定影响因素　　　　　　　　　B. 假定其他因素不变
   C. 分析每个因素单独变化的影响　　D. 忽略不相关的因素

10. 在财务报表分析中,以下哪项不是比较分析法的比较层面?( )
    A. 与历史数据比较　　　　　　　　B. 与行业平均水平比较
    C. 与行业领先者比较　　　　　　　D. 与国际市场比较

11. 财务报表分析的起源和发展与哪个国家的工业发展密切相关?( )
    A. 英国　　　　　　　　　　　　　B. 美国
    C. 德国　　　　　　　　　　　　　D. 日本

12. 在财务报表分析中,以下哪项不是行业研究报告的目的?(　　)

A. 形式即目的　　　　　　　　B. 信息即目的

C. 说服即目的　　　　　　　　D. 影响即目的

二、思考题

1. 请简要描述你所熟悉的任何一种事物的简史(大的如政治、军事、经济、社会等;小的如产业、地区、家族、吃穿住行等)。

2. 请简要描述一个你用定量方法分析和解决问题的例子(看过的、听过的、自己经历过的都可以)。

3. 请简要描述一个你用定性方法分析和解决问题的例子(看过的、听过的、自己经历过的都可以)。

4. 请简要描述你看过一些关于管理、经济、人力资源、电子商务、市场营销等专业资料从而增加了对某种问题、观点、认识的深度和广度的例子。

5. 请你尝试使用一些成熟的思维工具认识问题、分析问题。例如用SWOT分析内外部信息、用波士顿矩阵分析公司业务前景、用4P理论分析市场营销策略、用定位理论做战略决策、用天时地利人和分析所处的环境、用矛盾分析方法分析事物的主要矛盾和次要矛盾等。

第二章 三大报表分析

第一节 资产负债表分析

学习目标

1. 了解资产负债表的主要内容。
2. 掌握资产负债表反映的主要信息。
3. 能够对资产负债表进行简要分析,并作出判断。

一、资产负债表的含义和主要内容

(一)资产负债表的含义

资产负债表是反映公司在某一特定日期(如月末、季末、年末)全部资产、负债和所有者权益情况的会计报表,是公司经营活动的静态体现,根据"资产=负债+所有者权益"这一平衡公式,依照一定的分类标准和一定的次序,将某一特定日期的资产、负债、所有者权益的具体项目予以适当地排列编制而成。

资产负债表的分析常能提供有关公司的偿付能力、流通性和所掌控的经济资源等重要信息。

资产负债表主要包含报表左边算式的资产部分及右边算式的负债与股东权益部分。

(二)资产负债表的主要内容

1. 货币资金

货币资金包括现金、银行存款和其他货币资金。银行活期存款按照银行活期存款利率取得利息收入。短期定期存款的存款期为3个月或1年以内。银行通知存款的存款期限为1天或7天。截至2022年12月31日,比亚迪股份有限公司货币资金共514亿元。

2. 交易性金融资产

交易性金融资产的意思是指公司打算通过积极管理和交易以获取利润的债权证券和权

益证券。它包括公司以赚取差价为目的从二级市场购入的股票、债券、基金等。例如结构性存款及大额存单和衍生金融资产。截至2022年12月31日，比亚迪股份有限公司交易性金融资产共206亿元。

3. 应收账款

应收账款是指公司在正常的经营过程中因销售商品、产品、提供劳务等业务，应向购买单位收取的款项，包括应由购买单位或接受劳务单位负担的税金、代购买方垫付的各种运杂费等。应收账款是伴随公司的销售行为发生而形成的一项债权。公司提供给主要客户的信用期通常为30天至360天。应收账款并不计息。

在日常业务中因短期融资需求将部分应收账款以无追索权方式转让给金融机构，应与金融机构订立无追索权的应收账款保理协议（以下简称"应收账款保理"）。在若干应收账款保理协议下，不需要承担应收账款转让后的债务人违约风险和延迟还款风险以及已转移应收账款所有权之所有的风险和报酬，符合金融资产终止确认条件，对该保理协议下的应收账款按照账面价值终止确认。截至2022年12月31日，比亚迪股份有限公司的应收账款共388亿元。

4. 应收款项融资

公司对部分应收账款和应收票据管理的业务模式既以收取合同现金流为目标，又以出售为目标，分类为以公允价值计量且其变动计入其他综合收益的金融资产，列报为应收款项融资。截至2022年12月31日，比亚迪股份有限公司应收账款融资共128亿元。

5. 其他应收款

其他应收款是公司应收款项的另一重要组成部分，是公司除应收票据、应收账款和预付账款以外的各种应收暂付款项。其他应收款按性质分类如下：保证金及押金、出口退税及税金、未发货预付款转入、员工借款、代扣代缴员工社保、待摊费用和其他。截至2022年12月31日，比亚迪股份有限公司其他应收款共19亿元。

6. 存货

存货是会计术语，指公司在日常活动中持有以备出售的产品或商品、处在生产过程中的在产品、在生产过程或提供劳务过程中耗用的材料或物料等，包括各类材料、在产品、半成品、产成品或库存商品以及周转材料（包装物、低值易耗品、委托加工物资）等。

存货按照成本进行初始计量。存货成本包括采购成本、加工成本和其他成本。发出存货，采用加权平均法确定其实际成本。周转材料包括包装物和生产用模具等。包装物领用时采用一次转销法；生产用模具按照预计的使用次数分次计入成本费用。存货盘存制度采用永续盘存制。于资产负债表日，存货按照成本与可变现净值孰低计量，对成本高于可变现净值的，计提存货跌价准备，计入当期损益。可变现净值，是指在日常活动中，存货的估计售价减去至完工时估计将要发生的成本、估计的销售费用以及相关税费后的金额。计提存货跌价准备时，产成品按单个存货项目计提，原材料、在产品及周转材料按类别计提。截至2022年12月31日，比亚迪股份有限公司存货共791亿元。

知识拓展

每股股价与每股净资产

对Dempster Millmfg的相关投资开始于1956年。当时每股售价为18美元，而每股的净资产为72美元，公司的流动资产（现金、应收账款和存货）减去所有的负债之后除以总股本的价值为每股50美元。

在长达5年的时间里，我们小笔小笔地买入该公司的股票，总的来说买入的均价在16~25美元的范围内。

到1961年中期，我们约持有公司30%的股权，但是在1961年的八九月份，我们开始在30.25美元的价位大量买入，持股量占到了70%。

我们于是提拔其执行副总裁为总裁，看看情况是否能有所改善，然而情况依然不妙。在1962年4月23日，我们请来了Harry Bottle做总裁。在Harry的帮助下，公司情况有了很大起色，我们得以在1963年以平均每股80美元的价格把公司出售。

（资料来源：1963年巴菲特致股东的信　https://www.gelonghui.com）

7. 其他流动资产

其他流动资产，是指除货币资金、短期投资、应收票据、应收账款、其他应收款、存货等流动资产以外的流动资产。主要包括：待抵扣增值税、待出售房产成本、其他。截至2022年12月31日，比亚迪股份有限公司其他流动资产共131亿元。

8. 长期应收款

长期应收款，是指公司提供了货物或服务，但尚未收到客户尚未付清款项的应收账款类负债。例如分期收款销售商品。比亚迪股份有限公司用于确认分期收款销售商品采用的折现率区间为4.75%~4.90%。截至2022年12月31日，比亚迪股份有限公司长期应收款共11亿元。

9. 长期股权投资

长期股权投资的目的是长期持有被投资单位的股份，成为被投资单位的股东，并通过所持有的股份，对被投资单位实施控制或施加重大影响，或为了改善和巩固贸易关系，或持有不易变现的长期股权投资等。

长期股权投资包括对子公司以及合营企业和联营企业的权益性投资，在取得时以初始投资成本进行初始计量。比亚迪股份有限公司能够对被投资单位实施控制的长期股权投资，在本公司个别财务报表中采用成本法核算。比亚迪股份有限公司对被投资单位具有共同控制及重大影响的长期股权投资采用权益法核算。截至2022年12月31日，比亚迪股份有限公司的长期股权投资共154亿元。

知识拓展

投资者的档次

当然，长期来看，部分有经验的人很有可能超过标准普尔指数的表现。然而，在我的一生中,我早期发现的这类专业人士也不过十个左右罢了,只有他们能完成这一壮举。

毫无疑问,有成百上千的人我从未见过,他们的能力可与我认识的人相媲美。毕竟,跑赢大盘并非不可能。不过问题在于,大多数试图跑赢大盘的经理最终都会失败。也有很大可能请您投资的人会跟其他人一样,不能帮您获得良好的投资收益。比尔·鲁安是真正了不起的人。60年前我就认为,从长期来看,他几乎肯定能提供优秀的投资回报。他说得好:"在投资管理中,投资者的档次划分是从创新者到模仿者,再到众多的无能者。"

如果要树立一座雕像,用来纪念为美国投资者作出最大贡献的人,毫无疑问应该选择杰克·博格尔(Jack Bogle)。几十年来,杰克一直敦促投资者投资于超低成本的指数基金。在他的投资生涯中,有大量财富流向了经理人的腰包,而他所积累的财富只占到其中很小一部分。这些经理人向投资者许诺带来丰厚回报,而实际上他们根本没带来回报,或者像我们赌局中的情况,带来的回报几近于无。

早些年,杰克常常被投资管理行业嘲笑。然而,今天他欣慰地获悉,他已帮助数以百万计的投资者用自己的储蓄实现了更高的回报,否则他们获得的收益要低得多。他是他们的英雄,也是我的英雄。

多年来,经常有人请求我提供投资建议,我通常给的建议是投资低成本的标准普尔500指数基金。值得肯定的是,我的只有中等收入水平的朋友通常都采纳了我的建议。

(资料来源:2016年巴菲特致股东的信　https://www.gelonghui.com)

10. 其他权益工具投资

其他权益工具投资,是指除股票和债券以外的其他金融工具投资。例如,上市权益工具投资、非上市权益工具投资,目的是战略持有。截至2022年12月31日,比亚迪股份有限公司其他权益工具投资共11亿元。

11. 其他非流动金融资产

其他非流动金融资产,是指不能在1年或者超过1年的一个营业周期内变现或者耗用的资产。被划分为非流动资产的金融资产包括:持有到期投资、长期应收款、长期股权投资、工程物资、投资性房地产、固定资产、在建工程、无形资产、长期待摊费用、可供出售金融资产等。比亚迪股份有限公司其他非流动性金融资产包括基金投资和其他股权投资。截至2022年12月31日,比亚迪股份有限公司其他非流动金融资产(基金投资和其他股支投资)共21亿元。

12. 投资性房地产

投资性房地产,是指为赚取租金或资本增值(房地产买卖的差价),或两者兼有而持有的房地产,包括已出租的房屋及建筑物。

比亚迪股份有限公司的投资性房地产按照成本进行初始计量。采用成本模式对投资性房地产进行后续计量。投资性房地产中的房屋及建筑物折旧采用年限平均法计提,估计使用年限为30～50年。比亚迪股份有限公司于每年年度终了,对投资性房地产的使用寿命、预计净残值和折旧方法进行复核,必要时进行调整。截至2022年12月31日,比亚迪股份有限公司投资性房地产共0.8亿元。

13. 固定资产

固定资产是指公司为生产产品、提供劳务、出租或者经营管理而持有的、使用时间超过

12个月的、价值达到一定标准的非货币性资产,包括房屋、建筑物、机器、机械、运输工具以及其他与生产经营活动有关的设备、器具、工具等。

固定资产按照成本进行初始计量。除永久业权土地不计提折旧以及除机器设备中的模具按工作量法折旧外,其余均采用年限平均法计提。截至2022年12月31日,比亚迪股份有限公司固定资产共1 318亿元。

14. 在建工程

在建工程指公司资产的新建、改建、扩建,或技术改造、设备更新和大修理工程等尚未完工的工程支出,包括在建工程和工程物资。在建工程在达到预定可使用状态时转入固定资产。

比亚迪股份有限公司的在建工程是一系列工业园:华南工业园、华东工业园、西北工业园、华中工业园、西南工业园、东北工业园和其他工业园。工程物资主要是设备及工程类物资。截至2022年12月31日,比亚迪股份有限公司在建工程共372亿元。

15. 使用权资产

使用权资产是指承租人可在租赁期内使用租赁资产的权利。比亚迪股份有限公司的使用权资产主要涉及房屋及建筑物和机器设备。截至2022年12月31日,比亚迪股份有限公司使用权资产共31亿元。

16. 无形资产

无形资产是指没有实物形态的可辨认非货币性资产。比亚迪股份有限公司的无形资产主要包括土地使用权、工业产权及专有技术、非专利技术及软件。无形资产按照其能为本集团带来经济利益的期限确定使用寿命,无法预见其为本集团带来经济利益的期限的作为使用寿命不确定的无形资产。截至2022年12月31日,比亚迪股份有限公司无形资产共232亿元。

17. 开发支出

开发支出项目是反映公司开发无形资产过程中能够资本化形成无形资产成本的支出部分。开发支出根据结果转入无形资产和当期损益。截至2022年12月31日,比亚迪股份有限公司开发支出共16亿元。

18. 商誉

商誉是指能在未来期间为公司经营带来超额利润的潜在经济价值,或一家公司预期的获利能力超过可辨认资产正常获利能力(如社会平均投资回报率)的资本化价值。商誉是公司整体价值的组成部分。在公司合并时,它是购买公司投资成本超过被合并公司净资产公允价值的差额。截至2022年12月31日,比亚迪股份有限公司商誉共0.6亿元。

19. 其他非流动资产

其他非流动资产是指除资产负债表上所列非流动资产项目以外的其他周转期超过1年的长期资产。比亚迪股份有限公司的其他非流动资产主要包括应收保证金、预付无形资产款、预付工程设备款和其他。截至2022年12月31日,比亚迪股份有限公司其他非流动资产共210亿元。

20. 应付票据和应付账款

应付票据是由出票人出票,委托付款人在指定日期无条件支付确定的金额给收款人或持票人的票据。应付票据也是委托付款人允诺在一定时期内支付一定款额的书面证明。比亚迪股份有限公司的应付票据主要包括商业承兑汇票和银行承兑汇票。截至2022年12月31日,比亚迪股份有限公司应付票据共33亿元。

应付账款是指公司对供应商或其他债权人所欠的货款或款项。这些款项通常是公司购买货物或接受服务后尚未支付的金额。应付账款是公司负债的一部分,需要在一定期限内偿还。应付账款不计息,并通常在一年以内清偿。截至2022年12月31日,比亚迪股份有限公司应付账款共1 404亿元。

21. 预收款项

预收账款是指公司向购货方预收的购货订金或部分货款。比亚迪股份有限公司的预收款项主要包括预收购房定金。截至2022年12月31日,比亚迪股份有限公司预收账款共0元。

22. 合同负债

合同负债,是指公司已收或应收客户对价而应向客户转让商品的义务。比亚迪股份有限公司的合同负债主要包括预收货款。截至2022年12月31日,比亚迪股份有限公司合同负债共347亿元。

23. 应付职工薪酬

应付职工薪酬指公司为获得职工提供的服务而给予各种形式的报酬以及其他相关支出。比亚迪股份有限公司的应付职工薪酬主要包括工资、奖金、津贴和补贴;职工福利费;劳务派遣费;社会保险费;住房公积金;工会经费和职工教育经费。截至2022年12月31日,比亚迪股份有限公司应付职工薪酬共120亿元。

24. 应交税费

应交税费是指公司根据在一定时期内取得的营业收入、实现的利润等,按照现行税法规定,采用一定的计税方法计提的应交纳的各种税费。比亚迪股份有限公司的应交税费主要包括所得税、增值税、消费税、房产税、个人所得税和其他,其中所得税约20亿元。截至2022年12月31日,比亚迪股份有限公司应交税费共43亿元。

25. 其他应付款

其他应付款是指与公司的主营业务没有直接关系的应付、暂收其他单位或个人的款项。比亚迪股份有限公司的其他应付款主要包括外部往来款。截至2022年12月31日,比亚迪股份有限公司其他应付款共1 221亿元。

26. 预计负债

预计负债是指因或有事项可能产生的负债。比亚迪股份有限公司的预计负债主要包括汽车以及其他提供保修的产品承诺维修或更换运行不良的产品部件。预计负债为基于销售量以及过往维修程度及退换记录而作出的售后服务费金额预计。截至2022年12月31日,比亚迪股份有限公司预计负债共62亿元。

27. 其他流动负债

其他流动负债是指不能归属于短期借款、应付短期债券、应付票据、应付账款、应付所得税、其他应付款、预收账款这七款项目的流动负债。比亚迪股份有限公司的其他流动负债主要包括待转销项税。截至2022年12月31日,比亚迪股份有限公司预其他流动负债共26亿元。

28. 应付债券

应付债券是指公司为筹集资金而对外发行的期限在一年以上的长期借款性质的书面证明,约定在一定期限内还本付息的一种书面承诺。比亚迪股份有限公司的应付债券主要包括经中国证券监督管理委员会"证监许可〔2017〕1807号"文核准,面向合格投资者公开发行面值总额不超过100亿元的公司债券(19亚迪01)、19亚迪绿色债券01、19亚迪03、20亚迪01等。截至2022年12月31日,比亚迪股份有限公司应付债券共0元。

29. 其他非流动负债

其他非流动负债项目是反映公司除长期借款、应付债券等项目以外的其他非流动负债。比亚迪股份有限公司的其他非流动负债主要包括政府补助和补助项目。政府补助主要有汽车及汽车相关和手机相关的产业扶持资金、研发相关补贴、员工相关补贴、培训补贴和其他。截至2022年12月31日,比亚迪股份有限公司其他非流动负债共289亿元。

30. 股本

股本是指公司发行的全部股票的总额。它代表了公司股东的所有权权益。在一家公司的资本结构中,股本是非常重要的一部分,通常也称为股本结构或股本构成。比亚迪股份有限公司的股本主要包括有限售条件股份6.5亿股、无限售条件股份22.6亿股,截至2022年12月31日,比亚迪股份有限公司股本共29.1亿股。

31. 库存股

库存股是指已公开发行的股票但发行公司通过购入、赠予或其他方式重新获得可再行出售或注销的股票。比亚迪股份有限公司的库存股主要包括实行股权激励回购的本公司股票,用于员工激励。截至2022年12月31日,比亚迪股份有限公司库存股共18亿股。

知识拓展

为什么回购股票

包括美国银行在内的多家伯克希尔·哈撒韦公司投资过的公司,一直以来都在回购股票。许多公司回购股票的数额相当惊人。我们非常喜欢这种股票回购,因为我们相信大多数情况下,公司回购的股票在市场中都是被低估的。毕竟,我们持有这些股票的原因也是因为我们相信这些股票被低估了。当一个公司的经营规模不断扩大,但是公司流通股数量不断下降,股东将会非常受益。

(资料来源:2016年巴菲特致股东的信　https://www.gelonghui.com)

32. 资本公积

资本公积是指公司在经营过程中因接受捐赠、股本溢价以及法定财产重估增值等原因而形成的公积金。比亚迪股份有限公司的资本公积包括股本溢价和其他。截至2022年12月31日,比亚迪股份有限公司资本公积共617亿元。

33. 盈余公积

根据《公司法》及公司章程的规定,公司按净利润的10%提取法定盈余公积,法定盈余公积累计额为本公司注册资本50%以上的,可以不再提取。截至2022年12月31日,比亚迪股份有限公司盈余公积共68亿元。

34. 未分配利润

未分配利润是本年归属于母公司股东的净利润减去提取法定盈余公积、支付普通股现金股利、对其他权益所有者的分配后剩余的金额。截至2022年12月31日,比亚迪股份有限公司未分配利润共409亿元。

知识拓展

为什么不分红

让他们疑惑的是,我们从大多数伯克希尔拥有的子公司那里收到很多分红,却从来不给大家分红。我们有必要来了解一下什么时候分红对股东有意义,什么时候没有。

一家盈利的公司,可以有许多方法配置它的盈利(当然这些方法是相斥的)。公司的经理层应该首先检查公司主业继续投资的可能性——提高效率的项目、区域扩张、扩张或改进生产线,或者其他加深与竞争对手之间护城河的投资。

我要求子公司的经理人们永无止境地专注于加深护城河的机会,他们也的确找到很多行之有效的办法。但有时候我们的经理人也犯错。错误的原因通常是因为他们先找到了他们想要的答案,然后再反过来寻找支持它们的理由。显然这样的程序是错误的;这也是让错误无比危险的原因。

(资料来源:2012年巴菲特致股东的信 https://www.gelonghui.com)

(三) 资产负债表的作用

资产负债表可以综合反映公司的全部财务状况,其作用在于:
(1) 可以反映公司资产的构成及状况,揭示公司资产及分布结构。
(2) 可以反映公司某一日期的负债总额及结构,揭示公司的资产来源及构成。
(3) 可以反映公司所有者权益的情况,了解公司现有投资者在公司投资总额中所占的份额。
(4) 可据以解释、评价和预测公司的短期偿债能力、长期偿债能力和资本结构。
(5) 可据以解释、评价和预测公司的财务弹性。
(6) 可据以解释、评价和预测公司的绩效,帮助管理部门作出合理的经营决策。
(7) 有助于评估公司的盈利能力。

知识拓展

巴菲特看资产负债表

第一,对于公司生存来说,资产负债表比利润表更重要。

利润表反映的是外部表现,资产负债表反映的是内部的支撑能力。汽车跑得快慢很大程度上取决于发动机的动力和底盘的支撑能力,公司盈利多少很大程度上取决于资产独特

性的强弱和投资规模的大小,而且盈利最终会转化为资产的积累。如果说利润表是水,那么资产负债表就是山;如果说利润表是肉,那么资产负债表就是骨;如果说利润表是软件,那么资产负债表就是硬件;如果说利润表是花,那么资产负债表就是树根和树干。投资最大的风险不是公司发展太慢,而是公司灭亡,让股东血本无归。所以,喜欢长期投资的巴菲特比任何人都更加关注资产负债表。

第二,对于长期股东来说,资产负债表更重要。

管理层的业绩主要靠利润来衡量,所以管理层特别重视利润表。但股东的财富主要通过资产负债表来反映,所以股东特别重视资产负债表。

也许有人会说,对于上市公司来说,股价主要和利润相关,每股收益越高,股价自然越高。这是小股东的思维。如果你是大股东,是唯一的股东,且你未来会长期持有公司股份,股价高低对你有何意义?

巴菲特说:"在我们买了股票之后,即使股票市场关闭一两年,我们也一点不会为此心神不宁。对于我们100%控股的See's和H.H.布朗公司,我们并不需要每天的股票报价来证明我们持股的风险大小。

巴菲特不会关注公司短期的股价,也就不会关注公司的短期业绩,他关注公司的长期业绩,而长期业绩在很多方面和公司的资产负债相关,资产负债表反映了支撑公司长期发展的财务实力。

第三,利润表只能反映发展快慢,资产负债表才能反映实力大小。

利润表反映的是产出,资产负债表反映的是投入。先付出才会得到,先投入才会有产出,最终投入决定产出。利润表反映的是一时的成果,资产负债表反映的是一世的积累。利润表反映的是企业一个阶段发展的好坏,资产负债表反映的则是关乎企业生死存亡的根基强弱。资产负债表反映企业财务实力大小,实力最终决定公司竞争优势的大小。

(资料来源:https://xueqiu.com/2858189581/49023725)

二、资产负债表趋势分析

从比亚迪股份有限公司2019—2022年的资产情况(表2.1)可以看出,2022年的总资产规模是2019年的2.5倍,在三年新冠疫情的背景下,如此高的增长速度真是不可思议。公司的非流动资产增长率达286%,流动资产增长率达225%,非流动资产的增幅远远高于流动资产的增幅。

表2.1 比亚迪股份有限公司资产简表

单位:亿元

项 目	2019年	2020年	2021年	2022年	定基增长率
货币资金	126	144	504	514	408%
应收账款和应收票据	439	412	362	388	88%
合同资产	69	53	84	135	196%
存货	255	313	433	791	310%
流动资产合计	1 069	1 116	1 661	2 408	225%

续表

项　　目	2019年	2020年	2021年	2022年	定基增长率
长期股权投资	40	54	79	154	385%
固定资产	494	545	612	1 318	267%
在建工程	106	61	202	446	421%
无形资产	126	118	171	232	184%
开发支出	57	48	26	16	28%
非流动资产合计	886	894	1 296	2 530	286%
资产总计	1 955	2 010	2 957	4 938	252%

在非流动资产项目中,固定资产的增长率达267%,在建工程的增长率达421%,说明比亚迪股份有限公司急剧扩大产能,背后的驱动力量是新能源电动汽车的需求旺盛,新能源电动汽车的需求旺盛一方面是世界能源转型和控制温室气体排放的必然要求,另一方面也是中国政府积极推动实现中国现代化产业体系智能化、绿色化、融合化努力的结果。

在流动资产项目中,应收账款和应收票据的增长率为88%,这是一个积极的信号,说明比亚迪股份有限公司对其经销商的回款更加顺畅,背后的原因是比亚迪汽车的畅销,产业链的中游和下游形成了良性的互动关系。

在比亚迪股份有限公司的资产项目中也有令人担忧的项目。它的存货增长率达31%,高于资产的整体增幅,如果出现销售下滑,存货将发生严重贬值。因为汽车行业有库存车的概念,汽车生产后6个月如果不能完成销售,消费者会认为车辆停放时间过长,就需要更大的折扣才能吸引消费者。开发支出只占到2019年的28%,发生了明显下滑,说明公司的研发投入强度在减弱,一方面可能是因为比亚迪股份有限公司的核心科技如超级混动技术、刀片电池技术、电池车身一体化技术等已经完成研发;另一方面也可能是研发支出进行了费用化,结合利润表的研发费用金额可以进一步进行分析。

从比亚迪股份有限公司2019—2022年的负债情况(表2.2)可以看出,总负债规模增长率为280%,基本和资产的增长幅度一致。公司流动负债的增长率达309%,非流动负债的增长率达156%,流动负债的增幅远远高于非流动负债的增幅。比亚迪股份有限公司的资产结构增幅和负债结构增幅正好相反。

表2.2　比亚迪股份有限公司负债简表

单位:亿元

项　　目	2019年	2020年	2021年	2022年	定基增长率
短期借款	403	164	102	51	13%
应付账款和应付票据	361	519	804	1437	398%
应付职工薪酬	37	48	58	120	324%
应交税费	6	18	17	43	717%
其他应付款	62	88	413	1 221	1 969%

续表

项　　目	2019年	2020年	2021年	2022年	定基增长率
短期借款	403	164	102	51	13%
流动负债合计	1 080	1 064	1 713	3 333	309%
长期借款	119	147	87	75	63%
应付债券	99	88	20	0	0%
非流动负债合计	250	301	202	391	156%
负债合计	1 330	1 365	1 915	3 724	280%

在流动负债项目中,应付账款和应付票据增长率达398%,比亚迪股份有限公司大幅度占用上游供应商的财务资源,这也表明比亚迪在供应链中的话语权分量。应付职工薪酬的增长率达324%,随着产销量的急速增大,企业对人力资源的需求也急剧增加,这表明产业发展对人力资源需求的数量和薪资水平的提高帮助较大,中国需要发展更多的高端、核心、有竞争力的新产业,这样可以提供更多的高端岗位、增加薪资水平。其他应付款的增长率达1 969%,主要原因是外部往来款增长。随着比亚迪股份有限公司的销售越来越好,加之销售利润的改善、资本市场直接融资的畅通、合作伙伴的大力支持,比亚迪汽车自我造血能力越来越强,公司对债务融资需求大幅下降,其中短期借款的增长率为13%,长期借款的增长率为63%。

如表2.3所示,随着比亚迪汽车销量越来越好,公司权益项目的增长率达194%,实现了利润表和资产负债表的良性互动。

表2.3　比亚迪股份有限公司所有者权益简表

单位:亿元

项　　目	2019年	2020年	2021年	2022年	定基增长率
实收资本	27	27	29	29	107%
资本公积	245	246	608	617	252%
盈余公积	40	44	50	68	170%
未分配利润	210	244	264	409	195%
所有者权益合计	626	644	1 042	1 213	194%

知识拓展

如何利用留存收益

被投资方利用这些留存资金来扩大业务、进行收购、偿还债务,通常还会回购股票(这种行为增加了我们在他们未来收益中所占的份额)。

正如我们去年在给股东信中指出的那样,留存收益在整个美国历史上推动了美国企业的发展。对卡内基和洛克菲勒行之有效的方法多年来对数百万股东也行之有效。

(资料来源:2020年巴菲特致股东的信　https://www.gelonghui.com)

三、资产负债表结构分析

从表2.4来看,2022年比亚迪股份有限公司资产结构中非流动资产占51%,超过流动资产占比,属于重资产结构。从趋势看,非流动资产的占比慢慢超过了流动资产占比,原因可能是汽车行业本来就是重资产行业,随着比亚迪股份有限公司销量和产能增加,增加了固定资产的投入,形成了重资产结构。重资产结构的风险在于,因为资产投资是现在进行时,销售是未来发生时,如果未来销售下降,那么现在的重资产投资将产生严重的资产贬值。北京现代汽车就发生了这样的情况。

表2.4 比亚迪股份有限公司资产结构简表

项　　目	2019年	2020年	2021年	2022年
货币资金	6%	7%	17%	10%
应收账款和应收票据	22%	20%	12%	8%
合同资产	4%	3%	3%	3%
存货	13%	16%	15%	16%
流动资产合计	55%	56%	56%	49%
长期股权投资	2%	3%	3%	3%
固定资产	25%	27%	21%	27%
在建工程	5%	3%	7%	9%
无形资产	6%	6%	6%	5%
开发支出	3%	2%	1%	0%
非流动资产合计	45%	44%	44%	51%
资产总计	100%	100%	100%	100%

在流动资产中,货币资金、应收款项、存货占资产总额的比重较大,属于重要的资产项目,相应的比亚迪股份有限公司的现金管理、销售回款管理、存货管理的部门和人员自然是公司核心的部门和人员。

在非流动资产中,固定资产占资产总额的比重较大,属于绝对重要的资产项目,同理比亚迪股份有限公司负责工艺、生产、制造的部门和人员自然是公司核心的部门和人员。

从表2.5来看,2022年比亚迪有限公司负债结构中流动负债占90%,属于绝对主要的部分。从趋势上看,流动负债占比一直稳定增加。流动负债占比高,意味着公司的短期偿债压力比较大。

表2.5 比亚迪股份有限公司负债结构简表

项　　目	2019年	2020年	2021年	2022年
短期借款	30%	12%	5%	1%
应付账款和应付票据	27%	38%	42%	39%

续表

项　　目	2019年	2020年	2021年	2022年
应付职工薪酬	3%	4%	3%	3%
应交税费	0%	1%	1%	1%
其他应付款	5%	6%	22%	33%
流动负债合计	81%	78%	89%	90%
长期借款	9%	11%	5%	2%
应付债券	7%	6%	1%	0%
非流动负债合计	19%	22%	11%	10%
负债合计	100%	100%	100%	100%

在流动负债中,应付款项占比39%、其他应付款占比38%,两者合计78%,占负债总额的比重较大,属于重要的负债项目,比亚迪股份有限公司的负债来源主要是占有上游供应商的资金资源。

在非流动资产中,长期借款和应付债券是主要的负债项目,但是从趋势上看,比亚迪股份有限公司对债务融资的依赖越来越小。

在所有者权益结构中,资本公积和未分配利润占85%,属于绝对重要的项目。这两者主要来源于股东投入和经营利润,股东投入改善资产质量,进而提高经营利润;经营利润的提高又吸引股东投入,形成资产负债表和利润表的良性互动。

表2.6　比亚迪股份有限公司权益结构简表

项　　目	2019年	2020年	2021年	2022年
实收资本	4%	4%	3%	2%
资本公积	39%	38%	58%	51%
盈余公积	6%	7%	5%	6%
未分配利润	34%	38%	25%	34%
所有者权益合计	100%	100%	100%	100%

课后复习题

一、单选题

1. 资产负债表反映的是公司在特定日期的哪些情况?(　　)
   A. 利润情况　　　　　　　　　　B. 资产、负债和所有者权益
   C. 现金流量　　　　　　　　　　D. 股东结构

2. 根据资产负债表的平衡公式,资产等于负债加上什么?(　　)
   A. 利润　　　　　　　　　　　　B. 所有者权益
   C. 收入　　　　　　　　　　　　D. 费用

3. 货币资金不包括以下哪项?(   )
   A. 现金　　　　　　　　　　B. 银行存款
   C. 股票　　　　　　　　　　D. 其他货币资金

4. 企业持有交易性金融资产的目的是什么?(   )
   A. 长期投资　　　　　　　　B. 获取利润
   C. 分红　　　　　　　　　　D. 资产保值

5. 应收账款通常伴随公司的哪种行为发生?(   )
   A. 采购　　　　　　　　　　B. 销售
   C. 投资　　　　　　　　　　D. 融资

6. 以下哪项不属于其他应收款的分类?(   )
   A. 保证金及押金　　　　　　B. 出口退税及税金
   C. 短期投资　　　　　　　　D. 员工借款

7. 存货的初始计量是按照什么进行的?(   )
   A. 成本　　　　　　　　　　B. 市值
   C. 净值　　　　　　　　　　D. 面值

8. 以下哪项不是固定资产的组成部分?(   )
   A. 房屋　　　　　　　　　　B. 建筑物
   C. 运输工具　　　　　　　　D. 短期投资

9. 固定资产的折旧方法通常是什么?(   )
   A. 工作量法　　　　　　　　B. 年限平均法
   C. 双倍余额递减法　　　　　D. 直线法

10. 应付票据和应付账款的主要区别是什么?(   )
    A. 应付票据是书面证明,应付账款不是
    B. 应付票据有确定的支付日期,应付账款没有
    C. 应付票据通常不计息,应付账款计息
    D. 应付票据由银行承兑,应付账款由供应商承兑

11. 以下哪项不属于流动负债?(   )
    A. 短期借款　　　　　　　　B. 应付账款
    C. 长期借款　　　　　　　　D. 应付票据

12. 以下哪项不是应付职工薪酬的组成部分?(   )
    A. 工资　　　　　　　　　　B. 奖金
    C. 社会保险费　　　　　　　D. 股本

13. 以下哪项不是预计负债的组成部分?(   )
    A. 售后服务费　　　　　　　B. 销售折扣
    C. 维修或更换产品部件的费用　D. 员工教育经费

14. 资产负债表的主要作用不包括以下哪项?(   )
    A. 反映企业资产的构成及其状况　　B. 反映企业所有者权益的情况
    C. 预测企业的长期偿债能力　　　　D. 决定企业的经营策略

二、计算分析题

1. 请简要分析表2.7所示美的集团资产项目增减情况,它的资产增减速度是快还是慢?它的未来趋势会怎样?

表2.7 美的集团资产简表

单位:亿元

项　　目	2019年	2020年	2021年	2022年	定基增长率
货币资金	709	812	718	552	78%
应收账款和应收票据	234	282	294	329	141%
合同资产	40	32	38	44	110%
存货	284	310	459	460	162%
1年内到期的非流动资产	—	—	198	375	
其他流动资产	650	330	331	465	72%
特殊项目	108	164	206	141	131%
流动资产合计	2 164	2 416	2 488	2 610	121%
长期股权投资	27	29	37	51	189%
固定资产	216	222	228	260	120%
在建工程	11	14	26	—	0%
无形资产	154	154	171	169	110%
开发支出	—				
商誉	282	295	278	285	101%
其他	49	112	363	428	873%
非流动资产合计	854	1 187	1 390	1 614	189%
资产总计	3 019	3 603	3 879	4 225	140%

2. 请简要分析表2.8所示美的集团负债项目增减情况,它的负债增减速度是快还是慢?它的未来趋势会怎样?

表2.8 美的集团负债简表

单位:亿元

项　　目	2019年	2020年	2021年	2022年	定基增长率
短期借款	57	99	53	51	89%
应付账款和应付票据	664	821	987	898	135%
应付职工薪酬	64	69	75	71	111%
应交税费	50	57	54	49	98%

续表

项 目	2019年	2020年	2021年	2022年	定基增长率
其他应付款	38	45	42	43	113%
其他流动负债	368	498	482	578	157%
流动负债合计	1 443	1 841	2 228	2 063	143%
长期借款	412	428	197	506	123%
应付债券	—	—	—	31	
长期应付职工薪酬	24	21	18	14	58%
非流动负债合计	501	519	302	642	128%
负债合计	1 944	2 361	2 531	2 706	139%

3. 请简要分析表2.9所示美的集团所有者权益项目增减情况，它的所有者权益增减速度是快还是慢？它的未来趋势会怎样？

表2.9 美的集团所有者权益简表

单位：亿元

项 目	2019年	2020年	2021年	2022年	定基增长率
实收资本	69	70	69	69	100%
资本公积	196	224	205	196	100%
盈余公积	64	79	94	107	167%
未分配利润	727	870	1 029	1 196	165%
所有者权益合计	1 074	1 242	1 348	1 519	141%

4. 请简要分析表2.10所示美的集团资产结构情况，你认为哪些是它的核心资产？未来会不会变化？

表2.10 美的集团资产结构简表

项 目	2019年	2020年	2021年	2022年
货币资金	23%	23%	19%	13%
应收账款和应收票据	8%	8%	8%	8%
合同资产	1%	1%	1%	1%
存货	9%	9%	12%	11%
1年内到期的非流动资产	0%	0%	5%	9%
其他流动资产	22%	9%	9%	11%
特殊项目	4%	5%	5%	3%

续表

项　　目	2019年	2020年	2021年	2022年
流动资产合计	72%	67%	64%	62%
长期股权投资	1%	1%	1%	1%
固定资产	7%	6%	6%	6%
在建工程	0%	0%	1%	0%
无形资产	5%	4%	4%	4%
开发支出	0%	0%	0%	0%
商誉	9%	8%	7%	7%
其他	2%	3%	9%	10%
非流动资产合计	28%	33%	36%	38%
资产总计	100%	100%	100%	100%

5. 请简要分析表2.11所示美的集团负债结构情况，你认为哪些是它的主要负债？未来会不会变化？

表2.11　美的集团负债结构简表

项　　目	2019年	2020年	2021年	2022年
短期借款	3%	4%	2%	2%
应付账款和应付票据	34%	35%	39%	33%
应付职工薪酬	3%	3%	3%	3%
应交税费	3%	2%	2%	2%
其他应付款	2%	2%	2%	2%
其他流动负债	19%	21%	19%	21%
流动负债合计	74%	78%	88%	76%
长期借款	21%	18%	8%	19%
应付债券	0%	0%	0%	1%
长期应付职工薪酬	1%	1%	1%	1%
非流动负债合计	26%	22%	12%	24%
负债合计	100%	100%	100%	100%

6. 请简要分析表2.12所示美的集团所有者权益结构情况，你认为哪些是它的主要权益项目？未来会不会变化？

表 2.12　美的集团所有者权益结构简表

项　　目	2019年	2020年	2021年	2022年
实收资本	6%	6%	5%	5%
资本公积	18%	18%	15%	13%
盈余公积	6%	6%	7%	7%
未分配利润	68%	70%	76%	79%
所有者权益合计	100%	100%	100%	100%

7. 请简要分析表 2.13 所示广州酒家资产、负债、所有者权益项目增减情况，它的资产、负债、所有者权益增减速度是快还是慢？它的未来趋势会怎样？

表 2.13　广州酒家资产负债表简表

单位：亿元

项　　目	2019年	2020年	2021年	2022年	定基增长率
货币资金	13	16.65	19.37	9.15	70%
应收账款和应收票据	1	1.35	1.35	1.47	147%
存货	2	2.12	3.10	3.09	155%
流动资产合计	17	23.12	25.21	16.62	98%
长期股权投资	0.1	0.10	0.41	0.4	410%
固定资产	6	8.79	11.42	17.1	285%
在建工程	2	1.73	0.82	0.66	33%
无形资产	1	1.44	1.57	1.57	157%
开发支出	0	0.00	0.00	0.00	
商誉	0.4	0.40	1.52	1.52	380%
长期待摊费用	0.6	0.48	1.19	1.66	277%
其他	0.1	1.66	0.28	12.63	12 630%
非流动资产合计	12	18.41	23.09	41.93	349%
资产总计	29	41.53	48.29	58.54	202%
短期借款	0	1.00	0.00	2.61	
应付账款和应付票据	2	2.66	2.47	2.97	149%
应付职工薪酬	0.9	1.37	1.73	1.68	187%
应交税费	0.2	0.32	0.23	0.32	160%
其他应付款	2	5.10	3.74	3.70	185%
流动负债合计	6	12.54	10.85	14.36	239%
长期借款	0	0.00	0.00	2.45	

续表

项　目	2019年	2020年	2021年	2022年	定基增长率
非流动负债合计	0.7	3.41	5.53	8.78	1 254%
负债合计	7	15.94	16.38	23.14	331%
实收资本	4	4.04	5.66	5.68	142%
资本公积	5.7	5.78	4.71	5.03	88%
盈余公积	1.9	2.32	2.87	3.25	171%
未分配利润	10	13.20	16.61	19.31	193%
所有者权益合计	22	25.59	31.92	35.40	161%

8. 请简要分析表2.14所示广州酒家资产、负债、所有者权益结构情况,你认为哪些是它的核心资产、负债、所有者权益？未来会不会变化？

表2.14　广州酒家资产负债表结构简表

项　目	2019年	2020年	2021年	2022年
货币资金	45%	39%	40%	16%
应收账款和应收票据	3%	2%	2%	2%
存货	7%	5%	6%	5%
流动资产合计	59%	56%	52%	28%
长期股权投资	0%	0%	1%	1%
固定资产	21%	20%	23%	29%
在建工程	7%	4%	2%	1%
无形资产	3%	2%	2%	2%
开发支出	0%	0%	0%	0%
商誉	1%	1%	2%	2%
长期待摊费用	2%	1%	2%	2%
其他	0%	2%	0%	21%
非流动资产合计	41%	44%	48%	71%
资产总计	100%	100%	100%	100%
短期借款	0%	6%	0%	11%
应付账款和应付票据	29%	13%	13%	13%
应付职工薪酬	13%	9%	11%	7%
应交税费	3%	2%	1%	1%
其他应付款	29%	31%	23%	16%

续表

项　　目	2019年	2020年	2021年	2022年
流动负债合计	86%	75%	63%	61%
长期借款	0%	0%	0%	10%
非流动负债合计	10%	19%	31%	38%
负债合计	100%	100%	100%	100%
实收资本	18%	16%	18%	16%
资本公积	26%	23%	15%	14%
盈余公积	9%	9%	9%	9%
未分配利润	45%	51%	52%	54%
所有者权益合计	100%	100%	100%	100%

第二节　利润表分析

学习目标

1. 了解利润表的主要内容。
2. 掌握利润表反映的主要信息。
3. 能够对利润表进行简要分析,作出判断。

一、利润表分析的含义和主要内容

(一)利润表的含义

利润表(或损益表)是用以反映公司在一定期间(如月度、季度、半年度或年度)利润实现或者发生亏损的财务报表。根据利润表中显示的盈利或亏损数值,我们可以比较直观地看出该公司的生产经营状况和成果。利润表是管理者了解公司经营情况和财务状况的重要工具,通过正确解读利润表,可以为公司的经营决策提供有力的支持。

新GAAP带来的改变

根据美国通用会计准则(GAAP),伯克希尔2019年盈利814亿美元,其中包括:运营利润240亿美元,37亿美元的已实现资本收益,537亿美元是从我们持有股票的未实现资本收益净额的增加中获得的收益。上述收益的每一部分都是在税后基础上列出的。

这537亿美元的收益需要说一说。这是由于2018年实施新的GAAP,要求持有股票证券的公司在收益中包括这些证券未实现损益的净变化。正如我们在去年的信中所说的那样,无论是我管理伯克希尔的合作伙伴查理·芒格,还是我本人都不认同这一新GAAP规则。

事实上,会计行业采用这一规则是其自身思想的巨大转变。

(资料来源:2019年巴菲特致股东的信　https://www.gelonghui.com)

(二)利润表的主要内容

1. 营业收入

营业收入是公司在生产经营活动中,因销售商品或提供劳务而取得的各项收入。比亚迪股份有限公司营业收入的主要内容由销售商品产生,在向客户交付商品时履行履约义务。部分合同客户有权享受返利,因此需要估计可变对价并考虑可变对价金额的限制。合同价款结算以合同约定为准。2022年度,比亚迪股份有限公司的营业收入达到4 240亿元。

知识拓展

巴菲特如何分析营业收入

巴菲特分析利润表的第一个指标,就是营业收入。

之所以说是第一指标,是因为营业收入是所有盈利的基础,是分析财务报表的起点。分析预测公司未来的盈利,起点是分析预测营业收入。我们一般只看营业收入一年的短期增长率,而巴菲特更关注的是长期增长率,他要看过去5年到10年甚至20年营业收入增长率是多少。

巴菲特会从两个方面来分析营业收入增长率:

第一,营业收入增长率与盈利增长率比较,分析增长的含金量。

营业收入只是手段,企业的真正目的是盈利。收入增长率与税前利润增长率比较,如果营收率增长很快,但利润增长率并不快,这可能有问题了。巴菲特最希望的是税前利润比营业收入增长的速度更快。

第二,营业收入增长率与市场占有率增长比较,分析竞争优势的变化。

巴菲特非常重视公司营业收入增长时,市场占有率有没有同步提高。衡量市场占有率,一是用营业收入,二是用销量。

1976年巴菲特在GEICO保险公司濒临破产之际大举投资,一个重要原因是,他发现从1936年到1975年这40年间,GEICO市场占有率从0增长到4%,成为全美第四大汽车保险公司,这表明公司利用电话直销不用保险代理人的独特经营模式有着巨大的竞争优势,才会在竞争非常激烈的汽车保险行业市场取得如此快速的增长。2005年GEICO市场占有率提高到6%,2008年达到7.7%。汽车保险市场规模巨大,市场份额增长1%相当于营业收入增长16亿美元。

如果公司营业收入增幅相当大，但市场占有率下降，反而说明公司营业收入增长率低于行业增长水平。相反，如果行业销售大幅下滑，公司销售照样大幅增长，市场占有率肯定会大幅提升。1990年珠宝行业销售惨淡，巴菲特旗下的Borsheim珠宝店营业收入却上涨18%。

巴菲特强调，投资的关键是分析一家公司的竞争优势，尤其是竞争优势的可持续性。分析公司的市场占有率增长情况，是分析其持续竞争优势的一个重要指标。

巴菲特对销售收入增长的分析非常细致，他还会分析很多指标，以确定销售收入的效率，比如同店销售收入增长率、每平方米销售增长率、不同产品及不同的地区对收入增长的贡献等。

（资料来源：https://xueqiu.com/2014265372/197399605）

2. 税金及附加

税金及附加是指公司经营活动应负担的相关税费，包括消费税、城市维护建设税、资源税和教育费附加等。比亚迪股份有限公司税金及附加的主要内容有消费税、城市维护建设税、教育费附加、房产税、土地使用税和其他。2022年度，比亚迪股份有限公司的税金及附加达到72亿元。

知识拓展

无形资产税

我们最主要的经营费用是缴纳内布拉斯加州无形资产税，税率是所有股票市值的0.4%。去年是这个税项第一次生效实施，所以令我们的收益减少了0.4%。

（资料来源：1959年巴菲特致股东的信　https://www.gelonghui.com）

3. 销售费用

销售费用是指公司销售商品、提供劳务的过程中发生的各种费用。比亚迪股份有限公司销售费用的主要内容有职工薪酬、广告展览费、售后服务费、物料消耗、折旧及摊销、差旅费、行政及办公费、股份支付和其他。2022年度，比亚迪股份有限公司的销售费用达到150亿元。

4. 管理费用

管理费用是指公司行政管理部门等为管理和组织生产经营提供各项支援性服务而发生的费用。比亚迪股份有限公司管理费用的主要内容有职工薪酬、物料消耗、折旧及摊销、审计与咨询费、办公费、股份支付和其他。2022年度，比亚迪股份有限公司的管理费用达到100亿元。

5. 研发费用

研发费用是指研究与开发某项目所支付的费用。比亚迪股份有限公司研发费用的主要内容有职工薪酬、物料消耗、折旧及摊销、检测费、股份支付和其他。2022年度，比亚迪股份有限公司的研发费用达到186亿元。

降低公司成本

1962年我们的突出表现是我们控制了这家公司。该公司主要生产价格低于1 000美元的农场器械(包括灌溉系统)。这家公司面临的情况是没有利润产生、低存货周转率和停滞不前的销售业绩。我们在大约1961年8月将这家公司大部分股权买下,均价约28美元。当你买下一家公司后,对你而言市场的价格波动已经不再重要,重要的是这家公司的资产到底价值几何。

在买下该公司后,我们努力尝试使该公司的成本降低,降低其管理费用,提高其资金利用效率。然而所有的这些努力都化为了泡影。在6个月之后,我们意识到我们需要给这家公司带来一些新的变化。

(资料来源:1962年巴菲特致股东的信　https://www.gelonghui.com)

6. 财务费用

财务费用是指公司为生产经营所进行资金筹集等理财活动而发生的各项费用。比亚迪股份有限公司财务费用的主要内容有利息收入、利息支出、汇兑损益和其他。2022年度,比亚迪股份有限公司收到的存款利息达到16亿元。

7. 其他收益

其他收益反映与公司日常活动相关的但不在营业收入项目核算的经济利益流入,具体包括:部分政府补助、个税扣缴手续费、特定纳税人加计抵减税额、债务人以非金融资产偿债的债务重组收益。比亚迪股份有限公司其他收益的主要内容有与日常活动相关的政府补助(产业扶持资金、研发相关补贴、员工相关补贴)和其他。2022年度,比亚迪股份有限公司的其他收益达到16亿元。

8. 营业外收入

营业外收入是指与公司日常营业活动没有直接关系的各项利得。比亚迪股份有限公司营业外收入的主要内容有政府补助、供应商的赔款、无法支付的负债和其他。2022年度,比亚迪股份有限公司的营业外收入几乎为0。

9. 营业外支出

营业外支出,是指公司发生的与其生产经营无直接关系的各项支出。比亚迪股份有限公司营业外支出的主要内容有非流动资产清理损失、捐赠支出、违约金及赔偿和其他。2022年度,比亚迪股份有限公司的营业外支出几乎为0。

10. 投资损失

投资损失是指公司发生的不良股权或者债权投资造成的损失,包括长期投资损失和短期投资损失。对清查出的不良投资,公司要逐项进行原因分析,对有合法证据证明不能收回的,认定一般投资损失应计入"长期股权投资"会计科目。2022年度,比亚迪股份有限公司的资产损失几乎为0。

11. 资产减值损失

资产减值损失是指公司在资产负债表日,经过对资产的测试,判断资产的可收回金额低于其账面价值而计提资产减值损失准备所确认的相应损失。减值时,原则上都应当对所发生的减值损失及时确认和计量,因此,资产减值包括所有资产的减值。2022年度,比亚迪股份有限公司的资产减值损失达到14亿元。

公司业务发展很难预测

查理和我在听到一些分析师大举赞扬那些总能达成预期业绩目标的公司管理层时,都会感到很不安。事实上,公司业务发展是很难预测的,因此公司也很难总是达成业绩预期。因此,企业总会不可避免地出现实际业绩低于预期水平的情况。这种问题出现时,太过于关注股价表现的公司首席执行官就有可能粉饰财务数字。

(资料来源:2016年巴菲特致股东的信　https://www.gelonghui.com)

二、利润表趋势分析

从表2.15可以看出,比亚迪股份有限公司营业收入从2019年开始出现了爆发式增长。以2019年为基数,2022年的营业收入增长率为332%,从1 277亿元跃升至4 240亿元,考虑到三年疫情的不利因素,这样的增长简直不可思议。爆发式增长背后最大的动力是世界其他国家及中国的绿色、低碳发展要求。中国政府宣布力争在2030年前实现碳达峰,力争在2060年前实现碳中和。在这样的大战略背景下,政府大力推动新能源汽车产业发展,给予各种实实在在的优惠政策,加上媒体的不断宣传,新能源汽车在消费者心中形成一个非常正面的定位,新能源汽车在中国越来越受欢迎。

表2.15　比亚迪股份有限公司利润表简表

单位:亿元

项目	2019年	2020年	2021年	2022年	定基增长率
一、营业总收入	1 277	1 566	2 161	4 240	332%
营业收入	1 277	1 566	2 161	4 240	332%
二、营业总成本	1 256	1 490	2 126	4 011	319%
营业成本	1 069	1 262	1 879	3 518	329%
税金及附加	15	21	30	72	480%
销售费用	43	50	60	150	349%
管理费用	41	43	57	100	244%
财务费用	30	37	17	−16	−53%
研发费用	56	74	80	186	332%

续表

项　　目	2019年	2020年	2021年	2022年	定基增长率
投资净收益	−8	−3	−1	−8	100%
其他收益	17	17	22	17	100%
三、营业利润	23	71	46	215	935%
加:营业外收入	2	3	3	5	250%
减:营业外支出	1	5	4	9	900%
四、利润总额	24	69	45	210	875%
减:所得税费用	3	9	5	33	1 100%
五、净利润	21	60	39	177	843%
扣除非常损益后的净利润	2	30	12	156	7 800%

根据比亚迪股份有限公司产销快报,2023年比亚迪的产量为304万辆、销量为302万辆(表2.16)。在中国新能源汽车领域是绝对的霸主,也是世界新能源汽车领域的霸主。同时,按照汽车销售量来算,比亚迪汽车也第一次进入了世界前十(表2.17)。

表2.16　2023年中国汽车产销量

单位:万辆

2023年	产量	比率	销量	比率
全部汽车	2 702	100%	2 686	100%
新能源汽车	705.8	26%	688.7	26%
比亚迪汽车	304	11%	302	11%

表2.17　2023年世界前十汽车公司销量

单位:万辆

销量排名	汽车公司	销量
1	丰田汽车	1 065
2	大众汽车	880
3	现代汽车	689
4	斯特兰蒂斯	640
5	雷诺—日产三菱汽车	628
6	通用汽车	487
7	本田汽车	397
8	福特汽车	395
9	比亚迪汽车	302
10	铃木汽车	301

与营业收入的快速增长相匹配的是比亚迪股份有限公司的营业成本、销售费用、研发费用几乎同样增长,这表明比亚迪股份有限公司主要指标增长是协调的,符合发展规律。

随着营业收入的快速增长,销量带来的积极效应快速显现,例如管理费用的增长率只有244%,显著少于营业收入增幅;同时,净利润的增长率为843%,既是规模效应的体现,又是新产品受到市场欢迎的结果。

三、利润表结构分析

从利润表各项目占营业收入的比重来看,2022年比亚迪股份有限公司的营业成本占比约为83%,客观上讲还是比较高的,趋势是在逐渐降低;销售费用占比为4%,比较稳定且慢慢提升,处于合理区间;管理费用占比为2%,整体而言管理费用率比较低,比较稳定且慢慢降低;研发费用占比为4%,比较稳定;净利润占比为4%,呈现动荡稳定的趋势。

表2.18 比亚迪股份有限公司利润表结构分析简表

项目	2019年	2020年	2021年	2022年
一、营业总收入	100%	100%	100%	100%
营业收入	100%	100%	100%	100%
二、营业总成本	98%	95%	98%	95%
营业成本	84%	81%	87%	83%
税金及附加	1%	1%	1%	2%
销售费用	3%	3%	3%	4%
管理费用	3%	3%	3%	2%
财务费用	2%	2%	1%	0%
研发费用	4%	5%	4%	4%
投资净收益	−1%	0%	0%	0%
其他收益	1%	1%	1%	0%
三、营业利润	2%	5%	2%	5%
加:营业外收入	0%	0%	0%	0%
减:营业外支出	0%	0%	0%	0%
四、利润总额	2%	4%	2%	5%
减:所得税费用	0%	1%	0%	1%
五、净利润	2%	4%	2%	4%
扣除非常损益后的净利润	0%	2%	1%	4%

课后复习题

一、单选题

1. 利润表的主要作用是什么?(　　)
   A. 显示公司的长期债务情况　　　　B. 反映公司在一定期间内的盈利或亏损
   C. 列出公司的现金流量情况　　　　D. 展示公司的资产负债状况

2. 营业收入在利润表中通常表示什么?(　　)
   A. 公司的全部收入
   B. 公司的销售收入加上投资收入
   C. 公司通过销售商品或提供劳务获得的收入
   D. 公司的净利润

3. 利润表中的"税金及附加"通常包括哪些税费?(　　)
   A. 增值税和消费税　　　　　　　　B. 城市维护建设税和教育费附加
   C. 个人所得税和企业所得税　　　　D. 社会保险费和住房公积金

4. 利润表中的"营业外收入"指的是什么?(　　)
   A. 与公司日常活动直接相关的经济利益流入
   B. 与公司日常活动无直接关系的各项利得
   C. 公司的投资收益
   D. 公司的政府补助

5. 在利润表中,"所得税费用"通常表示什么?(　　)
   A. 公司必须支付的所有税费
   B. 公司利润中必须上缴国家的税金
   C. 公司因销售商品或提供劳务而产生的税费
   D. 公司因财务活动产生的税费

6. 利润表中的"研发费用"主要指什么?(　　)
   A. 用于市场推广的费用　　　　　　B. 用于产品研究和开发的费用
   C. 用于公司日常管理的费用　　　　D. 用于公司财务活动的费用

7. 利润表中的"投资净收益"通常包括哪些内容?(　　)
   A. 投资收益减去投资损失　　　　　B. 投资收益加上投资损失
   C. 投资收益加上投资税金　　　　　D. 投资损失减去投资收益

8. 利润表中的"营业利润"是如何计算的?(　　)
   A. 营业收入减去营业成本和费用　　B. 营业收入加上营业外收入
   C. 营业收入减去营业外支出　　　　D. 营业总收入减去营业总成本

9. 如果一家公司的营业收入增长,但市场占有率下降,这可能意味着什么?(　　)
   A. 公司在行业中的竞争力增强
   B. 公司营业收入增长率低于行业增长水平
   C. 公司的市场份额正在扩大
   D. 公司的产品质量得到了提升

10. 利润表中的"管理费用"通常包括哪些内容？（　　）
   A. 职工薪酬和物料消耗　　　　　　B. 广告费和展览费
   C. 财务活动产生的费用　　　　　　D. 研发活动产生的费用

11. 利润表中的"其他收益"通常包括哪些内容？（　　）
   A. 政府补助和债务重组收益　　　　B. 投资收益和营业外收入
   C. 营业利润和投资净收益　　　　　D. 营业收入和营业成本

12. 利润表中的"营业外支出"指的是什么？（　　）
   A. 与公司日常活动直接相关的支出　B. 与公司日常活动无直接关系的各项支出
   C. 公司的财务费用　　　　　　　　D. 公司的研发费用

13. 在利润表中，哪项指标可以反映公司的税费负担？（　　）
   A. 营业收入　　　　　　　　　　　B. 营业成本
   C. 税金及附加　　　　　　　　　　D. 净利润

14. 利润表中的"净利润"是指什么？（　　）
   A. 公司的总利润　　　　　　　　　B. 公司的总支出
   C. 扣除税费后的营业利润　　　　　D. 扣除所有成本和费用后的营业利润

15. 利润表中的"扣除非常损益后的净利润"是指什么？（　　）
   A. 扣除非经常性损益后的净利润　　B. 扣除税费后的净利润
   C. 加上非经常性损益后的净利润　　D. 加上税费后的净利润

二、计算分析题

1. 请简要分析表2.19所示美的集团利润表项目增减情况，它的利润表项目增减速度是快还是慢？它的未来趋势会怎样？

表2.19　美的集团利润表简表

单位：亿元

项　　目	2019年	2020年	2021年	2022年	定基增长率
一、营业总收入	2 793	2 857	3 433	3 457	124%
营业收入	2 782	2 842	3 412	3 439	124%
二、营业总成本	2 513	2 587	3 127	3 116	124%
营业成本	1 979	2 167	2 645	2 605	132%
税金及附加	17	15	16	15	88%
销售费用	346	235	286	287	83%
管理费用	95	92	102	116	122%
财务费用	−22	−26	−43	−34	155%
研发费用	96	101	120	126	131%
投资净收益	2	23	24	2	100%
其他收益	12	14	13	19	158%

续表

项　　目	2019年	2020年	2021年	2022年	定基增长率
三、营业利润	297	315	332	347	117%
加:营业外收入	6	4	6	4	67%
减:营业外支出	4	2	2	2	50%
四、利润总额	299	317	337	349	117%
减:所得税费用	46	42	47	51	111%
五、净利润	252	275	290	298	118%
扣除非常损益后的净利润	227	246	259	286	126%

2.请简要分析表2.20所示美的集团利润表结构情况,你认为哪些是它的主要项目？未来会不会变化？

表2.20　美的集团利润表结构分析简表

项　　目	2019年	2020年	2021年	2022年
一、营业总收入	100%	100%	100%	100%
营业收入	100%	99%	99%	99%
二、营业总成本	90%	91%	91%	90%
营业成本	71%	76%	77%	75%
税金及附加	1%	1%	0%	0%
销售费用	12%	8%	8%	8%
管理费用	3%	3%	3%	3%
财务费用	−1%	−1%	−1%	−1%
研发费用	3%	4%	3%	4%
投资净收益	0%	1%	1%	0%
其他收益	0%	0%	0%	1%
三、营业利润	11%	11%	10%	10%
加:营业外收入	0%	0%	0%	0%
减:营业外支出	0%	0%	0%	0%
四、利润总额	11%	11%	10%	10%
减:所得税费用	2%	1%	1%	1%
五、净利润	9%	10%	8%	9%
扣除非常损益后的净利润	8%	9%	8%	8%

3. 请简要分析表2.21所示广州酒家利润表项目增减情况,它的利润表项目增减速度是快还是慢?它的未来趋势会怎样?

表2.21 广州酒家利润表简表

单位:亿元

项　　目	2019年	2020年	2021年	2022年	定基增长率
一、营业总收入	30.29	32.87	38.90	41.12	136%
营业收入	30.29	32.87	38.90	41.12	136%
二、营业总成本	25.7	27.35	32.49	35.43	138%
营业成本	14.3	19.95	24.18	26.47	185%
税金及附加	0.26	0.28	0.35	0.38	146%
销售费用	7.8	3.03	3.63	4.42	57%
管理费用	3	3.49	3.79	3.80	127%
财务费用	−0.26	−0.17	−0.24	−0.48	185%
研发费用	0.6	0.77	0.77	0.84	140%
投资净收益	0.06	0.06	0.15	0.03	50%
其他收益	0.09	0.22	0.25	0.34	378%
三、营业利润	4.66	5.78	6.81	6.40	137%
加:营业外收入	0.03	0.01	0.04	0.07	233%
减:营业外支出	0.01	0.14	0.02	0.02	200%
四、利润总额	4.67	5.66	6.83	6.44	138%
减:所得税费用	0.83	1.01	1.18	1.08	130%
五、净利润	3.83	4.64	5.65	5.36	140%
扣除非常损益后的净利润	3.73	4.51	5.26	4.79	128%

4. 请简要分析表2.22所示广州酒家利润表结构情况,你认为哪些是它的主要项目?未来会不会变化?

表2.22 广州酒家利润表结构分析简表

项　　目	2019年	2020年	2021年	2022年
一、营业总收入	100%	100%	100%	100%
营业收入	100%	100%	100%	100%
二、营业总成本	85%	82%	84%	85%
营业成本	47%	61%	62%	63%
税金及附加	1%	1%	1%	1%

续表

项　　目	2019年	2020年	2021年	2022年
销售费用	26%	9%	9%	11%
管理费用	10%	11%	10%	9%
财务费用	−1%	−1%	−1%	−1%
研发费用	2%	2%	2%	2%
投资净收益	0%	0%	0%	0%
其他收益	0%	1%	1%	1%
三、营业利润	15%	18%	17%	16%
加:营业外收入	0%	0%	1%	0%
减:营业外支出	0%	0%	0%	0%
四、利润总额	15%	17%	17%	16%
减:所得税费用	3%	3%	3%	3%
五、净利润	13%	14%	15%	13%
扣除非常损益后的净利润	12%	14%	14%	12%

第三节　现金流量表分析

学习目标

1. 了解现金流量表的主要内容。
2. 掌握现金流量表反映的主要信息。
3. 能够对现金流量表进行简要分析,作出判断。

一、现金流量表的含义和主要内容

(一) 现金流量表的含义

现金流量表是反映企业在一定会计期间(年度、半年度、季度、月度)现金和现金等价物流入和流出的报表。现金流量表是财务报表的三个基本报表之一,现金流量表的存在是为了明确资产负债表中"现金及现金等价物"变动的详细过程,并根据"现金及现金等价物"用途划分为经营、投资和融资三类活动。

（二）现金流量表的主要内容

1. 销售商品、提供劳务实际收到的现金项目

主要反映企业销售商品、提供劳务实际收到的现金,包括收到的货款以及与货款一并收到的增值税销项税额,具体包括:期本销售商品、提供劳务预收的现金,以及前期销售商品、提供本期预收的现金和本期预收的款项,减少本期销售本期退回的商品和前期销售本期退回的商品支付的现金。2022年度,比亚迪股份有限公司销售商品、提供劳务实际收到的现金为4 132亿元。

2. 收到的其他与经营活动有关的现金

主要内容有利息收入、供应商违约金和政府补助。2022年度,比亚迪股份有限公司收到的其他与经营活动有关的大额现金流入为205亿元。

3. 购买商品、接受劳务支付的现金

主要反映企业购买物资、商品、接受劳务实际支付的现金,包括支付的货款以及与货款一并支付的增值税进项税额,具体包括:本期购买商品、接受劳务支付的现金,以及本期支付前期购买商品、接受劳务的未付款项和本期预付款项,减少本期发生的购货退回收到的现金。2022年度,比亚迪股份有限公司购买商品、接受劳务支付的现金为2 208亿元。

4. 支付给职工以及为职工支付的现金

主要包括本期实际支付以现金支付给职工的工资、奖金、津贴和补贴、福利费等,还包括为职工支付的五险一金,以及代扣代缴的个人所得税等。2022年度,比亚迪股份有限公司支付给职工以及为职工支付的现金为535亿元。

5. 支付的各项税费

包括企业本期发生并支付的税费,以及本期支付以前各期发生的税费和本期预交的税费,包括所得税、增值税、营业税、消费税、印花税、房产税、土地增值税、车船税、教育附加费、矿产资源补偿费等,但不包括固定资产价值、实际支付的耕地占用税,也不包括本期退回的所得税。2022年度,比亚迪股份有限公司支付的各项税费的现金为185亿元。

6. 购建固定资产、无形资产和其他长期资产支付的现金

主要包括购置固定资产（房产、设备等）,投资在建工程（包括为工程服务的职工薪酬）,购置无形资产,研发支出以及购建其他长期资产等当期支付的现金。2022年度,比亚迪股份有限公司购建固定资产、无形资产和其他长期资产支付的现金为974亿元。

7. 投资支付的现金

反映企业进行权益性投资和债权性投资支付的现金,包括企业取得的除现金等价物以外的短期股票投资、短期债券投资、长期债权投资支付的现金。2022年度,比亚迪股份有限公司投资支付的现金为105亿元。

8. 支付的其他与经营活动有关的大额现金流出

主要内容有销售及推广费用、行政及管理相关费用和研发及开发费用。2022年度,比亚迪股份有限公司支付的其他与经营活动有关的大额现金流出为76亿元。

9. 收到的其他与投资活动有关的大额现金流入

主要内容有收回理财产品及其他投资款。2022年度,比亚迪股份有限公司收到的其他与投资活动有关的大额现金流入为1 280亿元。

10. 支付的其他与投资活动有关的大额现金流出

主要内容有购买理财产品及其他投资款。2022年度,比亚迪股份有限公司支付的其他与投资活动有关的大额现金流出为258亿元。

(三)现金流量表的作用

作为反映企业一定期间现金流入和流出的会计报表,现金流量表的编制意义在于:

1. 弥补资产负债表信息量的不足

资产负债表是利用资产、负债、所有者权益三个会计要素的期末余额编制的;损益表是利用收入、费用、利润三个会计要素的本期累计发生额编制的。唯独资产、负债、所有者权益三个会计要素的发生额原先没有得到充分的利用,没有填入会计报表。而现金流量表中的内容是利用资产、负债、所有者权益的增减发生额或本期净增加额填报的,因此可以充分揭示现金变动的原因。

2. 便于从现金流量的角度对企业进行考核

现金流量表将企业的全部活动划分为经营活动、投资活动、筹资活动,按类说明企业一个时期流入多少现金、流出多少现金及现金流量净额。人们可以通过了解现金从哪里来、到哪里去了,损益表上的利润为什么没有影响现金流量的变动,从而对企业作出更加全面合理的评估。

3. 了解企业筹措现金、生成现金的能力

通过现金流量表可以了解经过一段时间经营,企业内外筹措了多少现金,自己生成了多少现金。筹措的现金是否按计划用到企业扩大生产规模、购置固定资产、补充流动资金上,还是被经营方侵蚀掉了。

二、现金流量表趋势分析

现金流量表把企业的全部活动分成三个部分:经营活动、投资活动、筹资活动。现金流量表中最重要的是经营活动现金流量数据。总体来看,比亚迪股份有限公司的经营活动现金流量很健康,每年能产生正的现金流量,期末现金余额也逐年增加,为公司的投资活动和筹资活动提供资金。2019年到2022年比亚迪股份有限公司现金流量表如表2.23所示。

表2.23 比亚迪股份有限公司现金流量表简表

单位:亿元

项 目	2019年	2020年	2021年	2022年	定基增长率
一、经营活动产生的现金流量					
销售商品、提供劳务收到的现金	1 071	1 387	2 026	4 132	386%
收到的税费返还	31	64	48	76	245%
收到的其他与经营活动有关的现金	35	36	59	205	586%
经营活动现金流入小计	1 137	1 487	2 134	4 413	388%
购买商品、接受劳务支付的现金	709	692	1 044	2 208	311%

续表

项　　　目	2019年	2020年	2021年	2022年	定基增长率
为职工支付的现金	203	225	287	535	264%
支付的各项税费	36	61	78	185	514%
支付的其他与经营活动有关的现金	41	54	70	76	85%
经营活动现金流出小计	990	1 033	1 479	3 005	304%
经营活动产生的现金流量净额	147	453	654	1 408	958%
二、投资活动产生的现金流量					
收回投资收到的现金	—	—	—	0.1	
取得投资收益收到的现金	1	2	2	1	143%
处置固定资产、无形资产和其他长期资产收回的现金净额	4	3	8	3	75%
处置子公司收到的现金净额	4	1	2	1	25%
收到的其他与投资活动有关的现金	15	182	115	128	853%
投资活动现金流入小计	24	188	127	133	554%
购建固定资产、无形资产和其他长期资产支付的现金净额	206	117	373	974	473%
投资支付的现金	11	18	35	105	955%
支付其他与投资活动有关的现金	16	196	172	258	1 613%
投资活动现金流出小计	233	332	581	1 339	575%
投资活动产生的现金流量净额	−209	−144	−454	−1 206	577%
三、筹资活动产生的现金流量					
吸收投资收到的现金	178	28	373	5	3%
发行债券收到的现金	200	20	—	—	0%
取得借款收到的现金	584	406	328	276	47%
收到其他与筹资活动有关的现金	8	—	—	30	375%
筹资活动现金流入小计	798	454	702	312	39%
偿还债务支付的现金	686	671	499	440	64%
分配股利、利润或偿付利息支付的现金	44	37	26	16	36%
支付其他与筹资活动有关的现金	2	2	5	50	2 500%
筹资活动现金流出特殊项目	—	33	—	—	
筹资活动现金流出小计	732	743	541	506	69%
筹资活动产生的现金流量净额	66	−289	160	−195	−295%
四、现金及现金等价物					

续表

项　　　目	2019年	2020年	2021年	2022年	定基增长率
汇率变动对现金的影响	1	0	—0	6	1 200%
现金及等价物净增加额	5	21	361	13	260%
加:期初现金及等价物余额	111	116	137	498	449%
期末现金及等价物净余额	116	137	498	511	441%

从2019年到2022年比亚迪股份有限公司的经营活动现金流量净额来看,经营活动现金流量净额都是正的,表示经营活动现金的流入大于现金流出,这是公司经营健康的表现,而且金额从2019年的147亿元,增长到2022年的1 408亿元,增长率为958%,增长非常迅猛。其中,销售商品、提供劳务收到的现金的增长率为386%,购买商品、接受劳务支付的现金的增长率为311%,公司核心的经营活动现金流入流出非常健康。为员工支付的现金的增长率为264%,没有跟上营业收入增长的速度。支付的各项税费增长率为514%,又远远高于营业收入增长的速度。

比亚迪股份有限公司现在属于扩张周期,投资活动主要是投资流出,投资收回几乎没有。从2019年到2022年比亚迪股份有限公司的投资活动现金流量净额来看,投资活动现金流量净额都是负的,表示比亚迪股份有限公司一直在积极地扩张,而且金额从2019年的—209亿元,增长到2022年的—1 206亿元,增长率为577%,扩张非常迅猛。其中,属于对内投资的购建固定资产、无形资产和其他长期资产支付的现金净额达到974亿元,增长率为473%,表明比亚迪汽车的市场销售非常好,产能大幅增加。属于对外投资的投资支付的现金达到105亿元,增长率为955%,表明比亚迪股份有限公司积极投资产业链的上下游公司,比亚迪汽车的垂直一体化程度要远远高于其他汽车厂商。比亚迪股份有限公司的年报显示,支付其他与投资活动有关的现金主要是购买理财产品,金额约为258亿元。购买理财产品是上市公司大额现金的主要利用方式,具有普遍性。投资活动现金流入除了收到其他投资活动现金以外,其他几乎没有,这符合比亚迪股份有限公司的现实情况。而且,收到其他投资活动现金约128亿元,主要是理财产品到期的自然赎回。

从2019年到2022年比亚迪股份有限公司的筹资活动现金流量净额来看,筹资活动现金流量净额是正负相间的,表示比亚迪股份有限公司根据经营活动现金和投资活动现金对筹资活动现金进行弹性调节,从金额来看,2020年和2022年的筹资活动产生的现金流量净流出分别是—289亿元和—195亿元,远远高于2019年和2021年的净流入,比亚迪股份有限公司的筹资活动主要以偿还债务为主。其中,筹资活动的流出项目主要是偿还债务支付的现金,金额从每年600多亿元逐渐下降到每年400多亿元,下降的主要原因是公司盈利能力的提高和股权筹资渠道的通畅。筹资活动现金流入主要靠取得借款收到现金,但是金额从2019年的584亿元,迅速下降到2022年的276亿元。发行债券收到的现金已经没有了,主要原因是发行债券程序太复杂,费用也比较高,比亚迪股份有限公司打通了自我造血的通道。吸收投资收到的现金明显增加,可以看出投资者对比亚迪股份有限公司的前景非常看好,选择了"用手投票"。

三、现金流量表结构分析

现金流量表结构分析主要以销售商品、提供劳务收到的现金为基数,其他现金流量项目作为分子,计算出百分比进行分析。选择销售商品、提供劳务收到的现金作为基数,是因为它是整个现金流量表最重要的项目,一方面它是企业现金流量的源泉,为投资活动和筹资活动提供稳定的现金支持;另一方面它也是衡量企业现金流量活动是否健康的标志。2019年到2022年比亚迪股份有限公司现金流量表结构分析简表如表2.24所示。

表2.24 比亚迪股份有限公司现金流量表结构分析简表

项 目	2019年	2020年	2021年	2022年
一、经营活动产生的现金流量				
销售商品、提供劳务收到的现金	100%	100%	100%	100%
收到的税费返还	3%	5%	2%	2%
收到的其他与经营活动有关的现金	3%	3%	3%	5%
经营活动现金流入小计				
购买商品、接受劳务支付的现金	66%	50%	52%	53%
为职工支付的现金	19%	16%	14%	13%
支付的各项税费	3%	4%	4%	4%
支付的其他与经营活动有关的现金	4%	4%	3%	2%
经营活动现金流出小计	92%	74%	73%	73%
经营活动产生的现金流量净额	14%	33%	32%	34%
二、投资活动产生的现金流量				
收回投资收到的现金	0%	0%	0%	0%
取得投资收益收到的现金	0%	0%	0%	0%
处置固定资产、无形资产和其他长期资产收回的现金净额	0%	0%	0%	0%
处置子公司收到的现金净额	0%	0%	0%	0%
收到的其他与投资活动有关的现金	1%	13%	6%	3%
投资活动现金流入小计	2%	14%	6%	3%
购建固定资产、无形资产和其他长期资产支付的现金净额	19%	8%	18%	24%
投资支付的现金	1%	1%	2%	3%
支付其他与投资活动有关的现金	1%	14%	8%	6%
投资活动现金流出小计	22%	24%	29%	32%

续表

项　　　目	2019年	2020年	2021年	2022年
投资活动产生的现金流量净额	－20％	－10％	－22％	－29％
三、筹资活动产生的现金流量				
吸收投资收到的现金	17％	2％	18％	0％
发行债券收到的现金	19％	1％	0％	0％
取得借款收到的现金	55％	29％	16％	7％
收到其他与筹资活动有关的现金	1％	0％	0％	1％
筹资活动现金流入小计	75％	33％	35％	8％
偿还债务支付的现金	64％	48％	25％	11％
分配股利、利润或偿付利息支付的现金	4％	3％	1％	0％
支付其他与筹资活动有关的现金	0％	0％	0％	1％
筹资活动现金流出特殊项目	0％	2％	0％	0％
筹资活动现金流出小计	68％	54％	27％	12％
筹资活动产生的现金流量净额	6％	－21％	8％	－5％
四、现金及现金等价物				
汇率变动对现金的影响	0％	0％	0％	0％
现金及等价物净增加额	0％	2％	18％	0％
加：期初现金及等价物余额	10％	8％	7％	12％
期末现金及等价物净余额	11％	10％	25％	12％

从2019年到2022年比亚迪股份有限公司现金流量结构来看，购买商品、接受劳务支付的现金占比从66％降低到53％，呈现稳定下降的趋势，说明公司利润有改善。为职工支付的现金占比从19％降低到13％，说明公司劳动生产率提高，更少的劳动投入实现更大的产出。支付的各项税费占比约4％，非常稳定。购建固定资产、无形资产和其他长期资产支付的现金占比从19％增长到24％，可以看出比亚迪股份有限公司在急剧扩展产能，尽全力满足市场的井喷需求。取得借款收到的现金占比从55％迅速下降到7％，表示公司融资状况的极大改善。期末现金及等价物净余额占比约12％，非常稳定。

四、结合现金流量表分析营业收入和净利润质量

（一）营业收入质量

1. 衡量指标

$$营业收入质量 = \frac{销售商品、提供劳务收到的现金}{营业收入} \times 100\%$$

指标分析：如果比值≥1，则表示回款质量较高，意味着销售的货物基本都收回了现金；如

果比值＜1,则表示回款质量较低,意味着销售的货物收回的现金不理想,存在赊销,具体原因需要具体分析。

2. 比亚迪股份营业收入质量计算及分析

从表2.25可以看出,整体而言比亚迪股份有限公司的营业收入质量值较低,意味着公司的销售回款质量表现一般。因为按照正常的逻辑计算,回款中有13%的增值税,销售商品、提供劳务收到的现金与营业收入的比值应该超过1,但是比亚迪股份有限公司的营业收入质量从未超过1。从趋势上看(图2.1),比亚迪股份有限公司的销售回款质量在迅速改善,进步非常明显。原因一方面可能是公司执行宽松的销售信用政策,给予经销商的信用期比较长;另一方面可能是比亚迪股份有限公司实行垂直一体化战略,直接控股或间接参股汽车经销商,不愿意给合作伙伴太大的回款压力。

表2.25　营业收入质量计算表

项　　目	2019年	2020年	2021年	2022年
销售商品、提供劳务收到的现金(亿元)	1 071	1 387	2 026	4 132
营业收入(亿元)	1 277	1 566	2 161	4 240
营业收入质量	84%	89%	94%	97%

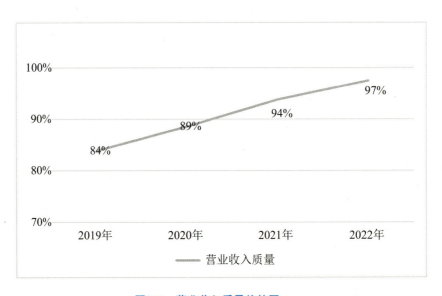

图2.1　营业收入质量趋势图

(二) 净利润质量

1. 衡量指标

$$净利润质量 = \frac{经营活动产生的现金流量净额}{净利润} \times 100\%$$

指标分析:如果比值≥1,则表示净利润质量较高,意味着经营活动产生现金流量净额高于净利润;如果比值＜1,则表示净利润质量较低,意味着经营活动产生现金流量净额低于净利润,具体原因需要具体分析。

2. 比亚迪股份有限公司净利润质量计算及分析

从表2.26与表2.27可以看出,四家主要车企的经营活动现金净额与净利润比都大于100%,说明净利润质量都较高。比亚迪股份有限公司的四年比值均在700%以上(图2.2),这并不表明它比其他车企的净利润质量高,而是因为比亚迪股份有限公司购买商品、接受劳务支付的现金的金额相对较小所致,这背后的逻辑是比亚迪股份有限公司实施高度的垂直一体化战略,人为压低对供应商的付款金额。

表2.26 净利润质量计算表

项　　目	2019年	2020年	2021年	2022年
经营活动产生的现金流量净额(亿元)	147	453	654	1 408
净利润(亿元)	21	60	39	177
净利润质量	700%	755%	1 677%	795%

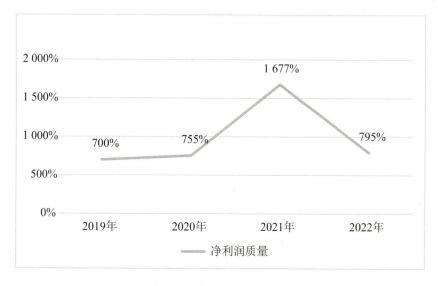

图2.2 净利润质量趋势图

表2.27 三家主要汽车公司净利润质量数据表

净利润质量	2019年	2020年	2021年	2022年
特斯拉汽车	253.42%	689.44%	203.70%	116.98%
丰田汽车	113.62%	119.49%	129.50%	118.54%
大众汽车	128.18%	282.19%	250.40%	179.95%

课后复习题

一、单选题

1. 现金流量表的主要作用是什么?(　　)

A. 反映公司利润
B. 反映公司现金和现金等价物的流入和流出
C. 反映公司的资产负债情况
D. 反映公司的市场份额

2. 现金流量表中的"现金及现金等价物"用途通常划分为几类活动?(　　)
A. 两类　　　　　　　　　　　　B. 三类
C. 四类　　　　　　　　　　　　D. 五类

3. 以下哪项不是现金流量表中经营活动产生的现金流的主要项目?(　　)
A. 销售商品、提供劳务收到的现金　　B. 收到的税费返还
C. 购买理财产品及其他投资款　　　　D. 支付的各项税费

4. 现金流量表中的投资活动主要包括哪些内容?(　　)
A. 收回投资和投资支付　　　　　　B. 偿还债务和分配股利
C. 发行债券和吸收投资　　　　　　D. 销售商品和提供劳务

5. 现金流量表中的筹资活动主要包括哪些内容?(　　)
A. 吸收投资和发行债券　　　　　　B. 偿还债务和分配股利
C. 收回投资和投资支付　　　　　　D. 销售商品和提供劳务

6. 现金流量表可以弥补哪种财务报表的信息不足?(　　)
A. 资产负债表　　　　　　　　　　B. 损益表
C. 利润分配表　　　　　　　　　　D. 股东权益变动表

7. 现金流量表通过什么方式揭示现金变动的原因?(　　)
A. 通过资产、负债、所有者权益的期末余额
B. 通过收入、费用、利润的本期累计发生额
C. 通过资产、负债、所有者权益的增减发生额或本期净增加额
D. 通过销售、采购、生产的成本计算

8. 以下哪项不是现金流量表结构分析的主要目的?(　　)
A. 了解公司筹措现金的能力　　　　B. 了解公司生成现金的能力
C. 了解公司的市场份额　　　　　　D. 了解公司的经营活动现金流量结构

9. 现金流量表趋势分析的主要目的是什么?(　　)
A. 了解公司筹措现金的能力
B. 预测公司未来的现金流量
C. 了解公司现金流量随时间的变化趋势
D. 评估公司的长期偿债能力

10. 以下哪项不是现金流量表中经营活动现金流的主要组成部分?(　　)
A. 销售商品、提供劳务收到的现金　　B. 购买商品、接受劳务支付的现金
C. 取得借款收到的现金　　　　　　　D. 支付的各项税费

11. 投资活动产生的现金流量净额为负值通常意味着什么?(　　)
A. 公司正在积极扩张　　　　　　　　B. 公司正在减少投资
C. 公司的现金流入大于现金流出　　　D. 公司的现金流出大于现金流入

12. 筹资活动产生的现金流量净额为正值通常意味着什么?(　　)

A. 公司正在积极扩张　　　　　　　　B. 公司正在偿还债务
C. 公司的现金流入大于现金流出　　　D. 公司的现金流出大于现金流入

13. 现金流量表中,以下哪项活动不是按照现金流量的性质进行分类的?(　　)
A. 经营活动　　　　　　　　　　　　B. 投资活动
C. 筹资活动　　　　　　　　　　　　D. 非经常性活动

14. 现金流量表中的"现金及现金等价物"通常包括哪些内容?(　　)
A. 银行存款和短期投资　　　　　　　B. 长期股权投资
C. 固定资产　　　　　　　　　　　　D. 存货

15. 以下哪项不是现金流量表结构分析的内容?(　　)
A. 经营活动产生的现金流量占比　　　B. 投资活动产生的现金流量占比
C. 筹资活动产生的现金流量占比　　　D. 公司的市场份额占比

二、计算分析题

1. 请简要分析美的集团现金流量表项目增减情况,它的现金流量表项目增减速度是快还是慢?它的未来趋势会怎样?

表2.28　美的集团现金流量表简表

单位:亿元

项　　目	2019年	2020年	2021年	2022年	定基增长率
一、经营活动产生的现金流量					
销售商品、提供劳务收到的现金	2 388	2 400	3 105	3 170	133%
收到的税费返还	63	66	100	109	173%
收到的其他与经营活动有关的现金	50	49	66	73	146%
经营活动现金流入小计	2 521	2 530	3 304	3 438	136%
购买商品、接受劳务支付的现金	1 301	1 397	2 092	2 213	170%
为职工支付的现金	269	285	321	357	133%
支付的各项税费	149	135	156	174	117%
支付的其他与经营活动有关的现金	411	344	342	345	84%
经营活动现金流出小计	2 135	2 234	2 953	3 091	145%
经营活动产生的现金流量净额	386	295	351	347	90%
二、投资活动产生的现金流量					
收回投资收到的现金	848	1 418	1 216	986	116%
取得投资收益收到的现金	40	49	56	38	95%
处置固定资产、无形资产和其他长期资产收回的现金净额	1	3	3	2	200%
处置子公司收到的现金净额	—	0	2	0	

续表

项　　目	2019年	2020年	2021年	2022年	定基增长率
收到的其他与投资活动有关的现金	—	—	—	3	
投资活动现金流入小计	890	1 470	1 278	1 029	116%
购建固定资产、无形资产和其他长期资产支付的现金净额	34	47	68	74	218%
投资支付的现金	1 085	1 766	1 053	1 081	100%
取得子公司支付的现金	2	10	20	10	500%
支付其他与投资活动有关的现金	—	—	—	—	
投资活动现金流出小计	1 121	1 823	1 142	1 164	104%
投资活动产生的现金流量净额	−231	−353	136	−135	58%
三、筹资活动产生的现金流量					
吸收投资收到的现金	29	26	15	13	45%
发行债券收到的现金	—	340	30	68	
取得借款收到的现金	171	180	160	465	272%
收到其他与筹资活动有关的现金	—	0	6	1	
筹资活动现金流入小计	200	547	211	547	274%
偿还债务支付的现金	86	393	242	449	522%
分配股利、利润或偿付利息支付的现金	110	128	129	137	125%
支付其他与筹资活动有关的现金	36	33	152	69	192%
筹资活动现金流出小计	233	555	523	656	282%
筹资活动产生的现金流量净额	−33	−8	−312	−109	330%
四、现金及现金等价物					
汇率变动对现金的影响	3	−4	−5	3	100%
现金及等价物净增加额	125	−69	170	106	85%
加：期初现金及等价物余额	180	304	235	405	225%
期末现金及等价物净余额	304	235	405	511	168%

2. 请简要分析如表2.29所示的美的集团现金流量表结构情况，你认为哪些是它的主要项目？未来会不会变化？

表2.29 美的集团现金流量表结构分析简表

项　　　目	2019年	2020年	2021年	2022年
一、经营活动产生的现金流量				
销售商品、提供劳务收到的现金	100%	100%	100%	100%
收到的税费返还	3%	3%	3%	3%
收到的其他与经营活动有关的现金	2%	2%	2%	2%
经营活动现金流入小计				
购买商品、接受劳务支付的现金	54%	58%	67%	70%
为职工支付的现金	11%	12%	10%	11%
支付的各项税费	6%	6%	5%	5%
支付的其他与经营活动有关的现金	17%	14%	11%	11%
经营活动现金流出小计	89%	93%	95%	98%
经营活动产生的现金流量净额	16%	12%	11%	11%
二、投资活动产生的现金流量	0%	0%	0%	0%
收回投资收到的现金	36%	59%	39%	31%
取得投资收益收到的现金	2%	2%	2%	1%
处置固定资产、无形资产和其他长期资产收回的现金净额	0%	0%	0%	0%
处置子公司收到的现金净额	0%	0%	0%	0%
收到的其他与投资活动有关的现金	0%	0%	0%	0%
投资活动现金流入小计	37%	61%	41%	32%
购建固定资产、无形资产和其他长期资产支付的现金净额	1%	2%	2%	2%
投资支付的现金	45%	74%	34%	34%
取得子公司支付的现金	0%	0%	1%	0%
支付其他与投资活动有关的现金	0%	0%	0%	0%
投资活动现金流出小计	47%	76%	37%	37%
投资活动产生的现金流量净额	−10%	−15%	4%	−4%
三、筹资活动产生的现金流量	0%	0%	0%	0%
吸收投资收到的现金	1%	1%	0%	0%
发行债券收到的现金	0%	14%	1%	2%
取得借款收到的现金	7%	8%	5%	15%

续表

项目	2019年	2020年	2021年	2022年
收到其他与筹资活动有关的现金	0%	0%	0%	0%
筹资活动现金流入小计	8%	23%	7%	17%
偿还债务支付的现金	4%	16%	8%	14%
分配股利、利润或偿付利息支付的现金	5%	5%	4%	4%
支付其他与筹资活动有关的现金	2%	1%	5%	2%
筹资活动现金流出小计	10%	23%	17%	21%
筹资活动产生的现金流量净额	−1%	0%	−10%	−3%
四、现金及现金等价物	0%	0%	0%	0%
汇率变动对现金的影响	0%	0%	0%	0%
现金及等价物净增加额	5%	−3%	5%	3%
加:期初现金及等价物余额	8%	13%	8%	13%
期末现金及等价物净余额	13%	10%	13%	16%

3. 请简要分析表2.30所示广州酒家现金流量表项目增减情况,它的现金流量表项目增减速度是快还是慢?它的未来趋势会怎样?

表2.30　广州酒家现金流量表简表

单位:亿元

项目	2019年	2020年	2021年	2022年	定基增长率
一、经营活动产生的现金流量					
销售商品、提供劳务收到的现金	32.6	36.52	43.16	46.21	142%
收到的税费返还	0.01	0.11	0.03	0.39	3 900%
收到的其他与经营活动有关的现金	0.6	0.89	1.35	1.61	268%
经营活动现金流入小计	33.2	37.52	44.54	48.21	145%
购买商品、接受劳务支付的现金	15	17.34	22.4	22.93	153%
为职工支付的现金	6	6.36	7.93	9.16	153%
支付的各项税费	2.6	3.08	3.71	3.65	140%
支付的其他与经营活动有关的现金	4.7	2.66	3.21	4.14	88%
经营活动现金流出小计	28	29.44	37.25	39.88	142%
经营活动产生的现金流量净额	4.8	8.08	7.29	8.33	174%
二、投资活动产生的现金流量					
收回投资收到的现金	4.6	5.3	2.22	2	43%

续表

项　　　　目	2019年	2020年	2021年	2022年	定基增长率
取得投资收益收到的现金	0.04	0.08	0.13	0.52	1 300%
处置固定资产、无形资产和其他长期资产收回的现金净额	0	0.02	0.04	0.02	
处置子公司收到的现金净额	0	0	0.01	0	
收到的其他与投资活动有关的现金	0.3	0	0.24	0	0%
投资活动现金流入小计	5	5.41	2.65	2.55	51%
购建固定资产、无形资产和其他长期资产支付的现金净额	4	2.9	3.12	8.15	204%
投资支付的现金	1.8	7.5	0.8	15.25	847%
取得子公司支付的现金	1.9	0	0	0	0%
支付其他与投资活动有关的现金	0	1.3	0	0	
投资活动现金流出小计	7.6	11.7	3.92	23.4	308%
投资活动产生的现金流量净额	−2.68	−6.29	−1.27	−20.86	778%
三、筹资活动产生的现金流量					
吸收投资收到的现金	0.02	0	0.15	0.34	1 700%
取得借款收到的现金	0	1	0	5.49	
收到其他与筹资活动有关的现金	0.04	2.18	0.08	0.06	150%
筹资活动现金流入小计	0.06	3.18	0.23	5.49	9 150%
偿还债务支付的现金	0	0	1	0	
分配股利、利润或偿付利息支付的现金	1.6	1.24	1.6	2.37	148%
支付其他与筹资活动有关的现金	0.04	0.02	0.94	1.2	3 000%
筹资活动现金流出小计	1.66	1.27	3.54	3.57	215%
筹资活动产生的现金流量净额	−1.6	1.91	−3.3	1.92	−120%
四、现金及现金等价物					
汇率变动对现金的影响	0	−0.005	−0.001	0.08	
现金及等价物净增加额	0.5	3.7	2.71	−10.6	−2 120%
加：期初现金及等价物余额	12.4	12.95	16.65	19.37	156%
期末现金及等价物净余额	12.9	16.65	19.37	8.77	68%

4. 请简要分析表2.31所示广州酒家现金流量表结构情况,你认为哪些是它的主要项目?未来会不会变化?

表2.31 广州酒家现金流量表结构分析简表

项　　　　目	2019年	2020年	2021年	2022年
一、经营活动产生的现金流量				
销售商品、提供劳务收到的现金	100%	100%	100%	100%
收到的税费返还	0%	0%	0%	1%
收到的其他与经营活动有关的现金	2%	2%	3%	3%
经营活动现金流入小计				
购买商品、接受劳务支付的现金	46%	47%	51%	50%
为职工支付的现金	18%	16%	19%	20%
支付的各项税费	8%	8%	9%	8%
支付的其他与经营活动有关的现金	14%	7%	7%	9%
经营活动现金流出小计	86%	79%	86%	87%
经营活动产生的现金流量净额	15%	22%	16%	17%
二、投资活动产生的现金流量	0%	0%	0%	0%
收回投资收到的现金	14%	15%	5%	4%
取得投资收益收到的现金	0%	0%	0%	1%
处置固定资产、无形资产和其他长期资产收回的现金净额	0%	0%	0%	0%
处置子公司收到的现金净额	0%	0%	0%	0%
收到的其他与投资活动有关的现金	1%	0%	0%	0%
投资活动现金流入小计	15%	15%	6%	5%
购建固定资产、无形资产和其他长期资产支付的现金净额	12%	8%	7%	17%
投资支付的现金	6%	21%	2%	33%
取得子公司支付的现金	6%	0%	0%	0%
支付其他与投资活动有关的现金	0%	4%	0%	0%
投资活动现金流出小计	23%	32%	9%	50%
投资活动产生的现金流量净额	−8%	−17%	−3%	−46%
三、筹资活动产生的现金流量	0%	0%	0%	0%
吸收投资收到的现金	0%	0%	0%	1%

续表

项　　　　目	2019年	2020年	2021年	2022年
取得借款收到的现金	0%	3%	0%	11%
收到其他与筹资活动有关的现金	0%	5%	0%	0%
筹资活动现金流入小计	0%	8%	0%	12%
偿还债务支付的现金	0%	0%	2%	0%
分配股利、利润或偿付利息支付的现金	5%	3%	4%	5%
支付其他与筹资活动有关的现金	0%	0%	2%	3%
筹资活动现金流出小计	5%	3%	8%	8%
筹资活动产生的现金流量净额	−5%	5%	−8%	4%
四、现金及现金等价物	0%	0%	0%	0%
汇率变动对现金的影响	0%	0%	0%	0%
现金及等价物净增加额	2%	10%	6%	−23%
加:期初现金及等价物余额	38%	35%	39%	42%
期末现金及等价物净余额	40%	45%	45%	19%

5. 请根据前面资料,填写表2.32所示美的集团的销售商品、提供劳务收到的现金、营业收入,计算营业收入质量,并对美的集团营业收入回款质量进行简要评价。

表2.32　营业收入质量计算表

项　　　　目	2019年	2020年	2021年	2022年
销售商品、提供劳务收到的现金(亿元)				
营业收入(亿元)				
营业收入质量				

6. 请根据前面资料,填写表2.33所示美的集团的经营活动产生的现金流量净额、净利润,计算净利润质量,并对美的集团净利润质量进行简要评价。

表2.33　净利润质量计算表

项　　　　目	2019年	2020年	2021年	2022年
经营活动产生的现金流量净额(亿元)				
净利润(亿元)				
净利润质量				

7. 请根据前面资料,填写表2.34及表2.35所示广州酒家的数据和指标,并对广州酒家营业收入回款质量和净利润质量进行简要评价。

表2.34　营业收入质量计算表

项　　　　目	2019年	2020年	2021年	2022年
销售商品、提供劳务收到的现金(亿元)				
营业收入(亿元)				
营业收入质量				

表2.35　净利润质量计算表

项　　　　目	2019年	2020年	2021年	2022年
经营活动产生的现金流量净额(亿元)				
净利润(亿元)				
净利润质量				

第三章 财务指标分析

第一节 公司盈利能力分析

学习目标

1. 掌握四个盈利能力指标的计算方法。
2. 运用盈利能力指标对公司的盈利能力进行评价。

一、业务盈利能力分析

(一) 业务盈利能力指标的含义

业务盈利能力主要是指公司销售产品或提供劳务所产生的收入减去相关直接成本产生的盈利,不考虑销售费用、管理费用、财务费用等间接费用,是公司产品或服务核心竞争能力的体现。衡量业务盈利能力核心指标是毛利率。

(二) 业务盈利能力指标的计算公式

毛利率是指毛利额占营业收入的百分比,其中毛利额是营业收入与营业成本的差额。较高的毛利率通常表示企业在销售产品或提供服务时能够留下更多利润,因此毛利率是盈利能力的一个核心指标。

毛利率的分析应考虑所在行业的平均水平。不同行业的毛利率水平可能存在较大差异,因此将企业的毛利率与同行业竞争对手或行业平均水平进行比较,有助于评估企业的竞争优势。

毛利率=毛利额÷营业收入×100%=(营业收入-营业成本)÷营业收入×100%

营业收入=销售量×单位售价

营业成本=销售量×单位成本

从上述公式中可以看出,增加营业收入或者降低生产成本都可以提高毛利率。又因为产品价格影响销售数量,进而影响营业收入,该指标主要反映了成本控制和产品定价有关的问题。

(1) 分母的选择:营业收入。

(2) 分子的选择:营业收入减去营业成本。

(3) 期间的选择:本年或本期。

(三) 业务盈利能力指标的计算与分析要点

根据前表数据整理,比亚迪股份有限公司毛利率计算如表3.1及图3.1所示。

表3.1 比亚迪股份有限公司毛利率计算表

项 目	2019年	2020年	2021年	2022年
营业收入(亿元)	1 277	1 566	2 161	4 240
营业成本(亿元)	1 069	1 262	1 879	3 518
毛利额(亿元)	208	304	282	722
毛利率	16.29%	19.41%	13.05%	17.03%

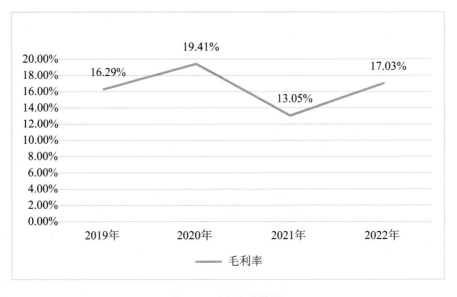

图3.1 毛利率趋势图

从表3.2可以看出,世界汽车行业的毛利率并不高,原因是世界汽车公司和品牌众多,汽车行业属于充分竞争的行业。

表3.2 世界主要汽车厂商的毛利率指标

毛利率	2019年	2020年	2021年	2022年
特斯拉汽车	16.56%	21.02%	25.28%	25.60%
丰田汽车	18.01%	18.02%	17.76%	19.03%
大众汽车	19.45%	17.47%	18.88%	18.70%

特斯拉汽车是新能源汽车的典型代表,也是毛利率最高的车企,达到25.60%。世界车企销量排名第一的是丰田汽车,第二是大众汽车,两者是传统燃油车的典型代表,毛利率为19%~20%。比亚迪汽车作为中国第一个全部生产新能源汽车的车企,技术领先、销量领先、利润领先,但是毛利率只有约17%,相信随着销量的进一步提高和费用的控制,其毛利率有望再提高。

二、经营盈利能力分析

(一)经营盈利能力指标的含义

经营盈利能力主要是指公司销售产品或提供劳务所产生的收入减去相关的全部成本而产生的盈利,考虑了销售费用、管理费用、财务费用等间接费用,是公司全面经营能力的体现。衡量经营盈利能力核心指标是净利率。

净利率是衡量企业盈利能力的关键指标之一。较高的净利率通常表示企业在扣除所有成本及税费后能够保留更多的利润,反之较低的净利率可能表明企业面临成本控制问题或盈利能力较弱。

(二)经营盈利能力指标的计算公式

净利率的计算公式为:

$$净利率 = (净利润 \div 营业收入) \times 100\%$$

(1)分母的选择:营业收入。
(2)分子的选择:净利润。
(3)期间的选择:本年或本期。

(三)经营盈利能力指标的计算与分析要点

根据前表数据整理,比亚迪股份有限公司净利率计算如表3.3及图3.2所示。

表3.3 比亚迪股份有限公司净利率计算表

项　　目	2019年	2020年	2021年	2022年
营业收入(亿元)	1 277	1 566	2 161	4 240
净利润(亿元)	21	60	39	177
净利率	1.64%	3.83%	1.80%	4.17%

从表3.3及表3.4可以看出,世界汽车行业的净利率并不低,可能是因为汽车业作为工业上的皇冠,在不太高的毛利率情况下,依靠一流的管理水平,依然能够获得比较好的净利率。

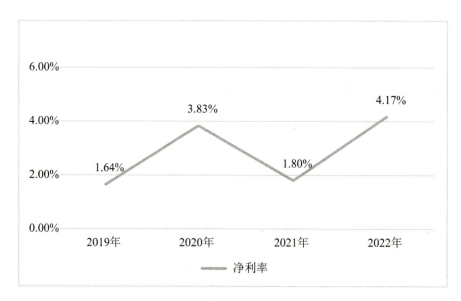

图 3.2 净利率趋势图

表 3.4 三大汽车公司净利率

净利率	2019年	2020年	2021年	2022年
特斯拉汽车	－3.51%	2.29%	10.26%	15.45%
丰田汽车	6.57%	7.07%	8.39%	9.16%
大众汽车	5.50%	3.98%	6.15%	5.53%

特斯拉汽车近四年变化最大,进步非常快,从2019年的亏损,到2022年净利率达到15.45%,成功登顶世界汽车行业第一,表明了它具有强大的品牌力、技术力、产品力和管理力。

丰田汽车作为世界汽车行业的第一名,净利率也在稳步提升,净利率达到9.16%,远远高于行业第二名的大众汽车的5.53%。

比亚迪汽车近四年的净利率表现让人振奋,从2019年的1.64%迅速增长到2022年的4.17%,进步显著。尽管净利率的表现距离世界级的汽车公司还有差距,但是比亚迪汽车的前景让人期待。

公司业绩的判断

在过去四年中,合伙公司的业绩如表3.5所示。

表3.5 合伙公司业绩

年 份	全年管理合伙人账户数量	合伙基金收益率（%）	道琼斯指数收益率（%）
1957	3	10.4	−8.4
1958	5	40.9	38.5
1959	7	25.9	19.9
1960	9	22.8	−6.3

需要再强调一下,这是合伙公司的净收益,有限合伙人的净收益取决于他们各自选择的合伙协议。整体收益或亏损按照市值计算。把资金进出也计算在内,这个方法以年初和年末清算价值为计算依据。它的计算结果和用于税收申报的数据不同,因为报税时证券按成本价计算,并且证券的收益或亏损只有在售出时才计算。

按复利计算,混合起来四年累计业绩如表3.6所示。

表3.6 累计业绩

年 份	合伙基金收益率(%)	道琼斯指数收益率(%)
1957	10.4	−8.4
1957—1958	55.6	26.9
1957—1959	95.9	52.2
1957—1960	140.6	42.6

四年时间实在太短,不足以用于判断我们的长期业绩,但是从我们这四年的表现可以看出,我们确实能做到在温和下跌或平盘的市场中跑赢指数。我们能做到这一点,是因为我们投资的股票绝对和大多数人不一样,与持有蓝筹股的人相比,我们的投资组合更保守。在蓝筹股强劲上涨时,我们可能很难追上它们的涨幅。

（资料来源：1960年巴菲特致股东的信　https://www.gelonghui.com）

三、资产盈利能力分析

（一）资产盈利能力指标的含义

资产盈利能力主要是指公司利用全部资产创造净利润的能力。衡量资产盈利能力核心指标是总资产净利率。

总资产净利率反映了企业在利用其全部资产（包括债务和所有者权益）实现利润方面的效率。较高的总资产净利率通常表示企业能够更有效地利用资产来创造价值和盈利。

（二）资产盈利能力指标的计算公式

资产净利率的计算公式为：

$$资产净利率=净利润\div 平均资产总额\times 100\%$$

其中,平均资产总额=(期初资产总额+期末资产总额)÷2。

(1) 分母的选择:平均资产总额。

(2) 分子的选择:净利润。

(3) 期间的选择:本期和上期。

(三) 资产盈利能力指标的计算与分析要点

根据前表数据整理,比亚迪股份有限公司资产净利率计算如表3.7及图3.3所示。

表3.7　比亚迪股份有限公司资产净利率计算表

项　　目	2018年	2019年	2020年	2021年	2022年
资产总额(亿元)	1 952	1 956	2 010	2 957	4 938
平均资产总额(亿元)		1 954	1 983	2 484	3 948
净利润(亿元)		21	60	39	177
资产净利率		1.07%	3.03%	1.57%	4.48%

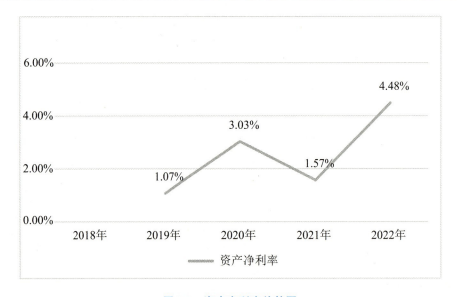

图3.3　资产净利率趋势图

从表3.7及表3.8中可以看出,新能源汽车的龙头公司和传统燃油车的龙头公司在资产净利率指标上的表现有天壤之别。2022年特斯拉汽车的资产净利率达到17.42%,可谓一骑绝尘,遥遥领先,令其他车企望尘莫及。2022年比亚迪汽车的资产净利率达到4.48%,增长势头非常强劲。相比之下,丰田汽车的表现好于大众汽车,总体而言比较稳健。

表3.8　三大汽车公司资产净利率

资产净利率	2019年	2020年	2021年	2022年
特斯拉汽车	-2.69%	1.67%	9.67%	17.42%
丰田汽车	3.60%	3.79%	3.86%	4.39%
大众汽车	2.90%	1.88%	2.89%	2.74%

优秀企业所带来的回报

这张财务报表中包括了44家涉及制造业、服务业、零售业等行业的向公司总部直接汇报业务的企业。但其中部分企业又受很多个人的投资与管理。例如,Marmon公司有175家独立运行的业务单元,并向很多不同领域的市场提供服务,而伯克希尔·哈撒韦汽车公司在美国国内拥有83家经销商,业务覆盖美国九个州。

这些企业合在一起就像是一个杂牌军。不过,部分企业的营收情况可以通过其未杠杆化的有形净资产来衡量。而且在很多情况下,甚至在100%的情况下,这些企业带来的回报也非常出色。这些企业中,绝大多数是盈利能力良好的实体企业,其产生的利润率在12%～20%。

从单一的实体企业来考虑,以上很多企业在制造业、服务业和零售行业都是非常优秀的企业。在2016年期间,这些企业的有形净资产平均值在240亿美元。它们持有大量超额现金且几乎没有债务缠身,其资本带来的税后收益在24%左右。

（资料来源:2016年巴菲特致股东的信　https://www.gelonghui.com）

四、资本盈利能力分析

(一) 资本盈利能力指标的含义

资本盈利能力主要是指公司股东投入资本创造净利润的能力。衡量资本盈利能力核心指标是净资产收益率(简称ROE)。

净资产收益率是股东最为看重的一个指标,用以衡量对股东投资的回报。

净资产收益率衡量了企业每单位净资产所产生的净利润,是评估企业盈利能力的重要指标之一。较高的净资产收益率通常表明企业能够更有效地利用其净资产实现盈利。

(二) 资本盈利能力指标的计算公式

净资产收益率是公司净利润与平均股东权益的比值。

$$净资产收益率 = (净利润 \div 平均净资产) \times 100\%$$

其中,平均净资产总额＝(期初净资产＋期末净资产)÷2
(1) 分母的选择:平均净资产。
(2) 分子的选择:净利润。
(3) 期间的选择:本期和上期。

(三) 资本盈利能力指标的计算与分析要点

根据前表数据整理,比亚迪股份有限公司净资产收益率计算表及趋势图如表3.9及图3.4所示。

表3.9　比亚迪股份有限公司净资产收益率计算表

项　　目	2018年	2019年	2020年	2021年	2022年
净资产(亿元)	607	626	644	1 042	1 213
平均净资产(亿元)		616.5	635	843	1 127.5
净利润(亿元)		21	60	39	177
净资产收益率		3.41%	9.45%	4.63%	15.70%

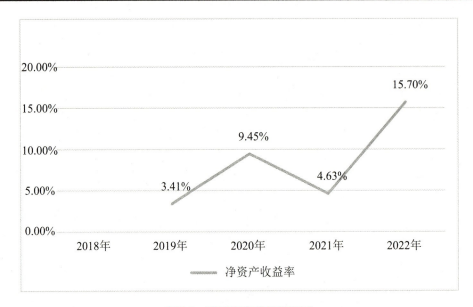

图3.4　净资产收益率趋势图

根据表3.9及表3.10中的数据,从净资产收益率的绝对数来看,无论是新能源汽车还是传统燃油汽车,对股东的投资回报都很高,最低的大众汽车在2022年的净资产收益率达到9.67%,表现依然很好。

表3.10　三大汽车公司净资产收益率

净资产收益率	2019年	2020年	2021年	2022年
特斯拉汽车	−14.94%	5.00%	21.08%	33.60%
丰田汽车	9.67%	10.05%	10.20%	11.48%
大众汽车	11.49%	7.44%	10.94%	9.67%

从净资产收益率的相对数来看,新能源汽车的表现和传统燃油车的表现又是天壤之别,2022年特斯拉汽车的净资产收益率达到33.6%,非常高,可以用震撼形容;比亚迪汽车达到15.7%,也远远高于丰田汽车的11.48%。世界汽车行业第一名的丰田汽车实力雄厚,为何投资回报率的表现不及比亚迪汽车?这就是新能源汽车产业赛道的价值,中国抓住了新能源汽车产业的发展机会,比亚迪汽车用股东投资回报证明了自身的价值。

课后复习题

一、单项选择题

1. 业务盈利能力主要是指公司销售产品或提供劳务所产生的收入减去什么?(　　)
   A. 销售费用　　　　　　　　　　B. 管理费用
   C. 相关直接成本　　　　　　　　D. 财务费用

2. 毛利率越高,说明公司业务的盈利能力如何?(　　)
   A. 越差　　　　　　　　　　　　B. 越好
   C. 没有影响　　　　　　　　　　D. 不确定

3. 营业成本是指什么?(　　)
   A. 销售量乘以单位售价　　　　　B. 营业收入减去毛利额
   C. 销售量乘以单位成本　　　　　D. 净利润除以营业收入

4. 增加营业收入或者降低生产成本都可以提高什么?(　　)
   A. 净利润　　　　　　　　　　　B. 营业成本
   C. 毛利率　　　　　　　　　　　D. 净资产收益率

5. 经营盈利能力主要是指公司在考虑哪些费用后产生的盈利?(　　)
   A. 直接成本　　　　　　　　　　B. 间接费用
   C. 财务费用　　　　　　　　　　D. 所有上述费用

6. 净利率是衡量什么的指标?(　　)
   A. 资产盈利能力　　　　　　　　B. 经营盈利能力
   C. 资本盈利能力　　　　　　　　D. 业务盈利能力

7. 净利率的计算公式是什么?(　　)
   A. 净利润/营业收入×100%　　　　B. 毛利额/营业收入×100%
   C. 营业成本/营业收入×100%　　　D. 资产总额/净利润×100%

8. 净利率越高,说明什么?(　　)
   A. 公司经营盈利能力越差　　　　B. 公司经营盈利能力越好
   C. 公司资产盈利能力越强　　　　D. 公司资本盈利能力越高

9. 资产盈利能力是指公司利用全部资产创造什么的能力?(　　)
   A. 营业收入　　　　　　　　　　B. 净利润
   C. 毛利额　　　　　　　　　　　D. 营业成本

10. 总资产净利率的计算公式是什么?(　　)
    A. 净利润/平均资产总额×100%　　B. 营业收入/平均资产总额×100%
    C. 净利润/平均净资产×100%　　　D. 营业成本/平均资产总额×100%

11. 资产净利率越高,说明公司利用全部资产的获利能力如何?(　　)
    A. 越弱　　　　　　　　　　　　B. 越强
    C. 没有影响　　　　　　　　　　D. 不确定

12. 净资产收益率是衡量什么的指标?(　　)

A. 资产盈利能力 B. 经营盈利能力
C. 资本盈利能力 D. 业务盈利能力

13. 净资产收益率的计算公式是什么?( )

A. 净利润/平均净资产×100% B. 营业收入/平均净资产×100%
C. 净利润/平均资产总额×100% D. 营业成本/平均净资产×100%

14. 净资产收益率越高,说明为股东带来的收益如何?( )

A. 越高 B. 越低
C. 没有影响 D. 不确定

15. 以下哪项不是衡量公司盈利能力的指标?( )

A. 毛利率 B. 净利率
C. 总资产净利率 D. 营业收入

二、计算分析题

1. 请根据前述美的集团相关资料,填写如表3.11所示的美的集团的营业收入、营业成本,计算毛利额、毛利率,并对美的集团的主要业务的盈利能力进行简要评价。

表3.11 美的集团毛利率计算表

项 目	2019年	2020年	2021年	2022年
营业收入(亿元)				
营业成本(亿元)				
毛利额(亿元)				
毛利率				

2. 请根据前述美的集团相关资料,填写如表3.12所示的美的集团的营业收入、净利润,计算净利率,并对美的集团的主要业务的最终盈利能力进行简要评价。

表3.12 美的集团净利率计算表

项 目	2019年	2020年	2021年	2022年
营业收入(亿元)				
净利润(亿元)				
净利率				

3. 请根据前述美的集团相关资料,填写如表3.13所示的美的集团的资产总额、净利润,计算平均资产总额、资产净利率,并对美的集团资产总额的盈利能力进行简要评价。

表3.13 美的集团资产净利率计算表

项 目	2018年	2019年	2020年	2021年	2022年
资产总额(亿元)					

续表

项　　目	2018年	2019年	2020年	2021年	2022年
平均资产总额(亿元)					
净利润(亿元)					
资产净利率					

4. 请根据前述美的集团相关资料,填写如表3.14所示的美的集团的净资产、净利润,计算平均净资产、净资产收益率,并对美的集团净资产的盈利能力进行简要评价。

表3.14　美的集团净资产收益率计算表

项　　目	2018年	2019年	2020年	2021年	2022年
净资产(亿元)					
平均净资产(亿元)					
净利润(亿元)					
净资产收益率					

5. 请根据前述广州酒家相关资料,填写、计算如表3.15至表3.18所示的广州酒家的相关数据,并对广州酒家的各项盈利能力进行简要评价。

表3.15　广州酒家毛利率计算表

项　　目	2019年	2020年	2021年	2022年
营业收入(亿元)				
营业成本(亿元)				
毛利额(亿元)				
毛利率				

表3.16　广州酒家净利率计算表

项　　目	2019年	2020年	2021年	2022年
营业收入(亿元)				
净利润(亿元)				
净利率				

表3.17　广州酒家资产净利率计算表

项　　目	2018年	2019年	2020年	2021年	2022年
资产总额(亿元)					
平均资产总额(亿元)					

第三章　财务指标分析

续表

项　目	2018年	2019年	2020年	2021年	2022年
净利润(亿元)					
资产净利率					

表3.18　广州酒家净资产收益率计算表

项　目	2018年	2019年	2020年	2021年	2022年
净资产(亿元)					
平均净资产(亿元)					
净利润(亿元)					
净资产收益率					

第二节　公司运营能力分析

学习目标

1. 掌握四个周转能力指标的计算方法。
2. 运用周转能力指标对公司的周转能力进行评价。

一、总资产运营能力分析

(一) 总资产运营能力指标的含义

总资产运营能力主要指公司全部资产创造营业收入的能力。衡量总资产运营能力核心指标是资产周转率。

总资产周转率反映了企业资产的利用效率,即企业每单位资产创造的营业收入。较高的总资产周转率通常表示企业能够更有效地利用其资产来产生营业收入。一般情况下,该数值越高,表明公司总资产周转速度越快。销售能力越强,资产利用效率越高。

(二) 总资产运营能力指标的计算公式

$$资产周转率=(营业收入\div平均资产总额)\times 100\%$$

其中,平均资产总额=(期初资产总额＋ 期末资产总额)÷2。

(1) 分母的选择:平均资产总额。
(2) 分子的选择:营业收入。

(3)期间的选择:本期和上期。

在实务中,因为资产周转天数直观、容易理解,所以一般使用资产周转天数作为衡量资产周转速度快慢的标准。

$$总资产周转天数 = 360 \div 资产周转率$$

(三)总资产周转能力指标的计算与分析要点

根据前表数据整理,比亚迪股份有限公司总资产周转能力指标的计算与分析如表3.19及图3.5所示。

表3.19　比亚迪股份有限公司资产周转率计算表

项　　目	2018年	2019年	2020年	2021年	2022年
资产总额(亿元)	1 952	1 956	2 010	2 957	4 938
平均资产总额(亿元)		1 954	1 983	2 484	3 948
营业收入(亿元)		1 277	1 566	2 161	4 240
资产周转率		65.35%	78.97%	87.01%	107.41%
总资产周转天数		551	456	414	335

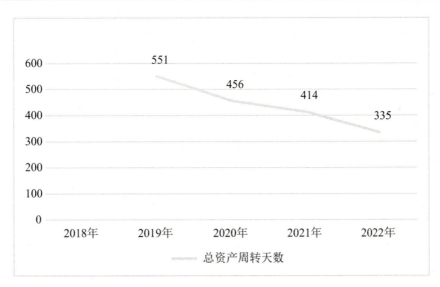

图3.5　资产周转天数趋势图

从表3.19及表3.20可以看出,新能源汽车的典型代表和传统燃油汽车的典型代表在资产利用效率上差距巨大,新能源汽车的龙头公司的资产周转天数只有传统燃油汽车龙头公司的50%。特斯拉汽车和比亚迪汽车的资产周转天数在320～330天,丰田汽车和大众汽车的资产周转天数在720～730天。为什么会有如此大的差别呢? 一种可能的解释是新能源汽车的车型普遍较少,生产转换的成本更低,需要的设备更少,从而产生了更好的规模效应。

表3.20　三大汽车公司资产周转天数

总资产周转天数	2019年	2020年	2021年	2022年
特斯拉汽车	468	493	383	319
丰田汽车	643	766	783	735
大众汽车	679	766	766	720

二、应收账款运营能力分析

(一) 应收账款运营能力指标的含义

应收账款运营能力主要指公司收回应收账款的速度,也称公司的回款速度。衡量应收账款运营能力核心指标是应收账款周转率。较高的应收账款周转率通常表示企业具有较强的收账能力,能够更快地将应收账款转化为现金流入。相反,低的周转率可能表明企业存在收账滞后或坏账风险。

(二) 应收账款运营能力指标的计算公式

应收账款周转率是营业收入与平均应收账款的比值。

$$应收账款周转率 = (营业收入 \div 平均应收账款) \times 100\%$$

其中,平均应收账款=(期初应收账款+期末应收账款)÷2。

(1) 分母的选择:平均应收账款。
(2) 分子的选择:营业收入。
(3) 期间的选择:本期和上期。

应收账款含应收票据。在实务中,因为应收账款周转天数直观、容易理解,所以一般使用应收账款周转天数作为衡量应收账款回款快慢的标准。

$$应收账款周转天数 = 360 \div 应收账款周转率$$

(三) 应收账款周转能力指标的计算与分析要点

根据前表数据整理,比亚迪股份有限公司应收账款周转率计算如表3.21及图3.6所示。

表3.21　比亚迪股份有限公司应收账款周转率计算表

项目	2018年	2019年	2020年	2021年	2022年
应收账款(亿元)	520.13	439	412	362	388
平均应收账款(亿元)		480	426	387	375
营业收入(亿元)		1 277	1 566	2 161	4 240
应收账款周转率		2.66	3.68	5.58	11.31
应收账款周转天数		135	98	64	32

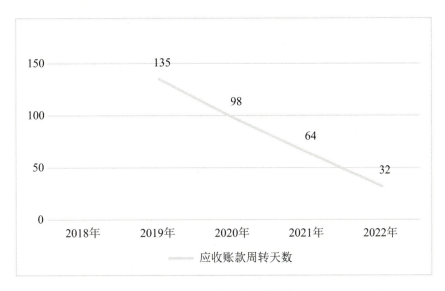

图3.6　应收账款周转天数趋势图

从表3.21及表3.22可以看出,比亚迪汽车的应收账款回款天数迅速从2019年的135天,缩短到2022年的32天,简直可以用神速来形容。这背后其实是比亚迪汽车的热卖。在世界发展绿色化的大背景下,中国政府决心实施碳达峰、碳中和战略,加上比亚迪汽车自身具有核心科技,终于打动了消费者,比亚迪汽车创造了一个奇迹。其实,从应收账款周转天数来看,最好的是特斯拉汽车,一直非常短,2022年只有11天,从特斯拉汽车的预售制、供不应求的销售情况可以看出其确实非常火爆。丰田汽车的应收账款周转天数维持在110~120天,大众汽车维持在80~90天,总体来看,它们的销售速度都是非常快的,回款时间也在非常优秀的区间范围内。

表3.22　三大汽车公司应收账款周转天数

应收账款周转天数	2019年	2020年	2021年	2022年
特斯拉汽车	16.88	18.58	12.88	10.9
丰田汽车	107	120	114	108
大众汽车	82	89	82	76

三、存货运营能力分析

(一) 存货运营能力指标的含义

存货运营能力主要指公司存货的销售速度,也称存货的去化速度。衡量存货运营能力核心指标是存货周转率。较高的存货周转率通常表示企业具有较高的存货管理效率,能够更快地将存货转化为销售收入。相反,低的周转率可能表明企业存货滞留,资金被困在存货中,影响了资金周转效率。

(二) 存货运营能力指标的计算公式

存货周转率是营业成本与平均存货的比值。

$$存货周转率 = (营业成本 \div 平均存货) \times 100\%$$

其中,平均存货=(期初存货+期末存货)÷2。

(1) 分母的选择:平均存货。
(2) 分子的选择:营业成本。
(3) 期间的选择:本期和上期。

在实务中,因为存货周转天数直观、容易理解,所以一般使用存货周转天数作为衡量存货去化快慢的标准。

$$存货周转天数 = 360 \div 存货周转率$$

(三) 存货周转能力指标的计算与分析要点

根据前表数据整理,比亚迪股份有限公司存货周转能力指标的计算分析如表3.23及图3.7所示。

表3.23　比亚迪股份有限公司存货周转率计算表

项目	2018年	2019年	2020年	2021年	2022年
存货(亿元)	263	255	313	433	791
平均存货(亿元)		259	284	373	612
营业成本(亿元)		1 069	1 262	1 879	3 518
存货周转率		4.13	4.44	5.04	5.75
存货周转天数		87	81	71	63

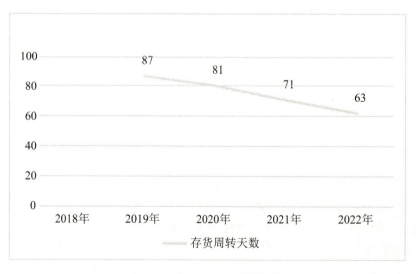

图3.7　存货周转天数趋势图

从表3.23及表3.24中可以看出,四家车企的汽车销售速度都很快,集中在50~80天,表明非常畅销。其中,比亚迪汽车的存货周转速度进步最快,从2019年的87天缩短到2022年的63天,缩短约30%;丰田汽车的存货周转速度在恶化,从2019年的39天延长到2022年的51天,增加约30%;特斯拉汽车和大众汽车的存货周转天数保持稳定,变化在5%~7%。

表3.24　三大汽车公司存货周转天数

存货周转天数	2019年	2020年	2021年	2022年
特斯拉汽车	59.31	56.08	44.73	55.99
丰田汽车	39	44	50	51
大众	84	85	81	78

四、应付账款运营能力分析

(一)应付账款运营能力指标的含义

应付账款运营能力主要指公司支付应付账款的速度。衡量应付账款运营能力核心指标是应付账款周转率。较高的应付账款周转率通常表示企业具有较强的支付账款能力,能够更快地支付应付账款。相反,较低的周转率可能表明企业支付能力较弱,可能面临供应商关系风险。

(二)应付账款运营能力指标的计算公式

应付账款周转率是营业成本与平均应付账款的比值。

应付账款周转率=(营业成本÷平均应付账款)×100%

其中,平均应付账款=(期初应付账款+期末应付账款)÷2。

(1)分母的选择:平均应付账款。
(2)分子的选择:营业成本。
(3)期间的选择:本期和上期。

应付账款含应付票据。在实务中,因为应付账款周转天数直观、容易理解,所以一般使用应付账款周转天数作为衡量应付账款付款快慢的标准。

应付账款周转天数=360÷应付账款周转率

(三)应付账款周转能力指标的计算与分析要点

根据前表数据整理,比亚迪股份有限公司应付账款周转率计算如表3.25及图3.8所示。

表3.25　比亚迪股份有限公司应付账款周转率计算表

项　目	2018年	2019年	2020年	2021年	2022年
应付账款(亿元)	452	361	519	804	1 437
平均应付账款(亿元)		407	440	662	1 121

续表

项　　目	2018年	2019年	2020年	2021年	2022年
营业成本(亿元)		1 069	1 262	1 879	3 518
应付账款周转率		2.63	2.87	2.84	3.14
应付账款周转天数		137	126	127	115

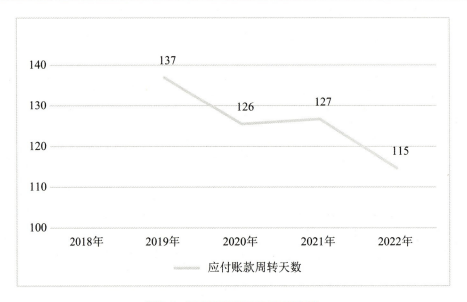

图3.8　应付账款周转天数趋势图

从表3.25及表3.26中可以看出,四家车企对供应商的付款速度大相径庭,但是总体而言,对供应商的付款时间都在合理范围内。其中比亚迪汽车的应付账款付款时间最长,2022年达到115天,这已经比2019年减少了16%;大众汽车的应付账款付款时间最短,而且非常稳定,保持在43天左右,显示出对供应商非常友好;丰田汽车的应付账款付款时间,2022年为58天,几乎比2019年延长了56%;特斯拉汽车的应付账款付款时间约为76天,比2019年延长了18%。

表3.26　三大汽车公司应付账款周转天数

应付账款周转天数	2019年	2020年	2021年	2022年
特斯拉汽车	63.86	71.97	72.95	76.12
丰田汽车	37	43	54	58
大众汽车	42	43	43	43

课后复习题

一、单项选择题

1. 总资产运营能力主要指公司全部资产创造什么的能力?(　　)

A. 利润 B. 营业收入
C. 总成本 D. 总资产

2. 资产周转率的计算公式是什么?（　　）
A. 营业收入/平均资产总额 B. 平均资产总额/营业收入
C. 营业收入/总资产总额 D. 总资产总额/营业收入

3. 总资产周转天数的计算公式是什么?（　　）
A. 360÷资产周转率 B. 资产周转率÷360
C. 360×资产周转率 D. 资产周转率×360

4. 资产周转率数值越高,表明公司总资产周转速度越如何?（　　）
A. 快 B. 慢
C. 稳定 D. 不变

5. 应收账款周转率的计算中,分子选择的是?（　　）
A. 平均应收账款 B. 营业收入
C. 总成本 D. 营业利润

6. 应收账款周转天数的计算公式是什么?（　　）
A. 360÷应收账款周转率 B. 应收账款周转率÷360
C. 360×应收账款周转率 D. 应收账款周转率×360

7. 应收账款周转率越高,表明公司的什么能力越强?（　　）
A. 收账迅速 B. 资产流动性
C. 短期偿债能力 D. 所有上述选项

8. 存货周转率的计算中,分子选择的是?（　　）
A. 平均存货 B. 营业收入
C. 营业成本 D. 总成本

9. 存货周转天数的计算公式是什么?（　　）
A. 360÷存货周转率 B. 存货周转率÷360
C. 360×存货周转率 D. 存货周转率×360

10. 存货周转率用于反映存货的什么?（　　）
A. 周转速度 B. 总价值
C. 总数量 D. 总成本

11. 应付账款周转率的计算中,分子选择的是?（　　）
A. 平均应付账款 B. 营业收入
C. 营业成本 D. 总成本

12. 应付账款周转天数的计算公式是什么?（　　）
A. 360÷应付账款周转率 B. 应付账款周转率÷360
C. 360×应付账款周转率 D. 应付账款周转率×360

13. 应付账款周转率越高,是否说明公司的付款条款越有利?（　　）
A. 是 B. 否
C. 不确定 D. 无关

二、计算分析题

1. 请根据前述美的集团相关资料,填写如表3.27所示美的集团的资产总额、营业收入,计算平均资产总额、总资产周转率、总资产周转天数,并对美的集团的总资产运营能力进行简要评价。

表3.27　美的集团资产周转率计算表

项　目	2018年	2019年	2020年	2021年	2022年
资产总额(亿元)					
平均资产总额(亿元)					
营业收入(亿元)					
总资产周转率					
总资产周转天数					

2. 请根据前述美的集团相关资料,填写如表3.28所示的美的集团的应收账款、营业收入,计算平均应收账款、应收账款周转率、应收账款周转天数,并对美的集团的应收账款回款速度进行简要评价。注:应收账款含应收票据金额。

表3.28　美的集团应收账款周转率计算表

项　目	2018年	2019年	2020年	2021年	2022年
应收账款(亿元)					
平均应收账款(亿元)					
营业收入(亿元)					
应收账款周转率					
应收账款周转天数					

3. 请根据前述美的集团相关资料,填写如表3.29所示的美的集团的存货、营业成本,计算平均存货、存货周转率、存货周转天数,并对美的集团存货的去化速度进行简要评价。

表3.29　美的集团存货周转率计算表

项　目	2018年	2019年	2020年	2021年	2022年
存货(亿元)					
平均存货(亿元)					
营业成本(亿元)					
存货周转率					
存货周转天数					

4. 请根据前述美的集团相关资料,填写如表3.30所示的美的集团的应付账款、营业成本,计算平均应付账款、应付账款周转率、应付账款周转天数,并对美的集团应付账款的付款速度进行简要评价。

表3.30　美的集团应付账款周转率计算表

项　目	2018年	2019年	2020年	2021年	2022年
应付账款(亿元)					
平均应付账款(亿元)					
营业成本(亿元)					
应付账款周转率					
应付账款周转天数					

5. 请根据前述广州酒家相关资料,填写如表3.31至表3.34所示的广州酒家的数据和指标,并对广州酒家资产运营能力、应收账款回款速度、存货去化速度、应付账款付款速度进行简要评价。

表3.31　广州酒家资产周转率计算表

项　目	2018年	2019年	2020年	2021年	2022年
资产总额(亿元)					
平均资产总额(亿元)					
营业收入(亿元)					
总资产周转率					
总资产周转天数					

表3.32　广州酒家应收账款周转率计算表

项　目	2018年	2019年	2020年	2021年	2022年
应收账款(亿元)					
平均应收账款(亿元)					
营业收入(亿元)					
应收账款周转率					
应收账款周转天数					

表3.33　广州酒家存货周转率计算表

项　　目	2018年	2019年	2020年	2021年	2022年
存货(亿元)					
平均存货(亿元)					
营业成本(亿元)					
存货周转率					
存货周转天数					

表3.34　广州酒家应付账款周转率计算表

项　　目	2018年	2019年	2020年	2021年	2022年
应付账款(亿元)					
平均应付账款(亿元)					
营业成本(亿元)					
应付账款周转率					
应付账款周转天数					

第三节　公司增长能力分析

学习目标

1. 掌握五个增长能力指标的计算方法。
2. 运用增长能力指标对公司的增长能力进行评价。

一、总资产增长能力分析

(一) 总资产增长能力指标的含义

总资产增长能力主要指公司资产总额增长的速度,也是公司规模增长的速度。衡量总资产增长能力的核心指标是资产增长率。总资产增长率越高,表明公司一定时期内经营规模扩张的速度越快。但在分析时,需要关注资产规模扩张的质和量的关系,以及公司的后续发展能力,避免盲目扩张。

（二）总资产增长能力指标的计算公式

总资产增长率＝本年总资产增长额/年初资产总额×100％

其中，本年总资产增长额＝年末资产总额－年初资产总额。

在实际应用中，计算周期较长的经济增长、投资回报、公司发展等使用几何平均数方法来表示平均增长率更加适合。

$$四年资产平均增长率=(\sqrt[4]{\frac{本年期末资产总额}{四年前期末资产总额}}-1)\times 100\%$$

（1）分母的选择：四年前期末资产总额。
（2）分子的选择：本年期末资产总额。
（3）期间的选择：本年和四年前。

（三）总资产增长能力指标的计算与分析要点

根据前表数据整理，比亚迪股份有限公司总资产增长率计算如表3.35及图3.9所示。

表3.35　比亚迪股份有限公司总资产增长率计算表

项　　目	2018年	2019年	2020年	2021年	2022年	四年平均增长率
资产总额（亿元）	1 952	1 956	2 010	2 957	4 938	26％
资产增长率		0.20％	2.76％	47.11％	66.99％	

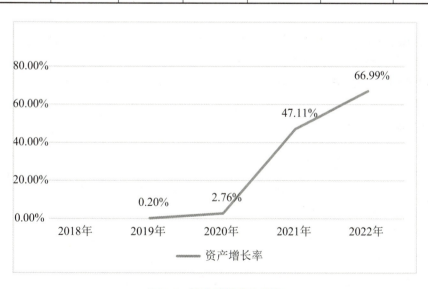

图3.9　资产增长率趋势图

从表3.35及表3.36中可以看出，四家汽车公司2019—2022年四年的总资产平均增长率大相径庭，新能源汽车发展迅猛，传统燃油汽车几乎没有增长。比亚迪汽车和特斯拉汽车分别增长26％和24％；丰田汽车和大众汽车分别增长3％和2％，新能源汽车龙头公司的增长率几乎是传统燃油车龙头公司增长率的10倍。可以从两个方面进行理解：一是丰田汽车和大众汽车的资产总额基数很大，增长率自然就会低；比亚迪汽车和特斯拉汽车资产总额基数低，资产稍微增长，增长率就会看起来很高。二是汽车市场确实迎来了新能源汽车的春天，销售猛增、产能猛增、发展速度非常快。

表3.36 三大汽车公司资产增长率计算表

单位：亿元

资产增长率	2019年	2020年	2021年	2022年	四年平均增长率
特斯拉汽车	34 309	52 148（较上年增加52%）	62 131（较上年增加19%）	82 338（较上年增加33%）	24%
丰田汽车	501 288	572 840（较上年增加14%）	570 840（较上年增加0%）	555 894（较上年增加-3%）	3%
大众汽车	542 301	604 762（较上年增加12%）	597 298（较上年增加-1%）	598 275（较上年增加0%）	2%

二、收入增长能力分析

（一）收入增长能力指标的含义

收入增长能力主要指公司营业收入增长的速度。衡量收入增长能力的核心指标是营业收入增长率。营业收入增长率是衡量公司经营状况和市场占有能力、预测公司经营业务拓展趋势的重要标志。该指标若大于0，表示公司本年的主营业务收入有所增长，指标值越高，表明增长速度越快，公司市场前景越好；若该指标小于0，则说明存在产品或服务不适销对路、质次价高等方面问题，市场份额萎缩。

（二）营业收入增长能力指标的计算公式

$$营业收入增长率 = (本年营业收入增长额 \div 上年营业收入) \times 100\%$$

其中，本年营业收入增长额＝本年营业收入－上年营业收入。

在实际应用中，计算周期较长的经济增长、投资回报、公司发展等使用几何平均数方法来表示平均增长率。

$$四年营业收入平均增长率 = \left(\sqrt[4]{\frac{本年营业收入总额}{四年前营业收入总额}} - 1\right) \times 100\%$$

(1) 分母的选择：四年前营业收入总额。
(2) 分子的选择：本年营业收入总额。
(3) 期间的选择：本年和四年前。

（三）收入增长能力指标的计算与分析要点

根据前表数据整理，比亚迪股份有限公司营业收入增长率计算如表3.37及图3.10所示。

表3.37　比亚迪股份有限公司营业收入增长率计算表

项　　目	2018年	2019年	2020年	2021年	2022年	四年平均增长率
营业收入（亿元）	1 218	1 277	1 566	2 161	4 240	35%
营业收入增长率		4.84%	22.63%	37.99%	96.21%	

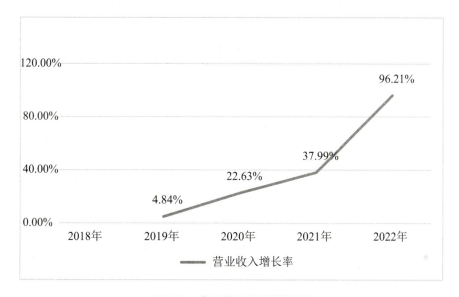

图3.10　营业收入增长率趋势图

从表3.37及表3.38可以看出，四家汽车公司2019至2022年四年的营业收入平均增长率大相径庭，新能源汽车发展迅猛，传统燃油汽车几乎没有增长。比亚迪汽车和特斯拉汽车分别增长35%；丰田汽车和大众汽车分别增长0%和1%，新能源汽车龙头公司的增长率几乎是传统燃油车的龙头公司增长率的30倍。可以从两个方面进行理解：一是丰田汽车和大众汽车的营业收入基数很大，增长率自然就会低，比亚迪汽车和特斯拉汽车营业收入基数低，营业收入稍微增长，增长率看起来就会很高；二是汽车市场确实迎来了新能源汽车的春天，销售猛增、产能猛增、发展速度非常快。

表3.38　三大汽车公司营业收入增长率计算表

单位：亿元

收入增长率	2019年	2020年	2021年	2022年	四年平均增长率
特斯拉汽车	24 578	31 536（较上年增长28%）	53 823（较上年增长71%）	81 462（较上年增长51%）	35%

续表

收入增长率	2019年	2020年	2021年	2022年	四年平均增长率
丰田汽车	277 397	250 366（较上年增长－10%）	264 633（较上年增长6%）	277 967（较上年增长5%）	0%
大众汽车	280 703	271 150（较上年增长－3%）	282 711（较上年增长4%）	295 797（较上年增长5%）	1%

结合资产增长率来看，比亚迪汽车和特斯拉汽车都实现了协调增长，因为两家公司26%和24%的资产增长率都带动了35%的营业收入增长率，这是非常好的信号。

三、净利润增长能力分析

（一）净利润增长能力指标的含义

净利润增长能力主要指公司净利润增长的速度。衡量净利润增长能力核心指标是净利润增长率。净利润增长率反映了公司实现利润最大化的扩张速度，是综合衡量公司资产营运与管理业绩、成长状况和发展能力的重要指标。

（二）净利润增长能力指标的计算公式

$$净利润增长率 = (本年净利润增长额 \div 上年净利润总额) \times 100\%$$

其中，本年净利润增长额＝本年净利润总额－上年净利润总额。

在实际应用中，计算周期较长的经济增长、投资回报、公司发展等使用几何平均数方法来表示平均增长率。

$$四年净利润平均增长率 = \left(\sqrt[4]{\frac{本年净利润总额}{四年前净利润总额}} - 1\right) \times 100\%$$

(1) 分母的选择：四年前净利润总额。
(2) 分子的选择：本年净利润总额。
(3) 期间的选择：本年和四年前。

（三）净利润增长能力指标的计算与分析要点

根据前表数据整理，比亚迪股份有限公司的净利润增长率计算如表3.39及图3.11所示。

表3.39 比亚迪股份有限公司净利润增长率计算表

项目	2018年	2019年	2020年	2021年	2022年	四年平均增长率
净利润（亿元）	35.56	21	60	39	177	70%
净利润增长率		－40.94%	185.71%	－35.00%	353.85%	

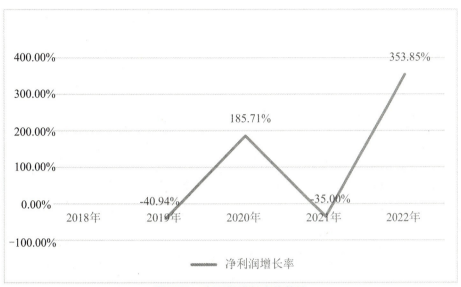

图 3.11　净利润增长率趋势图

从表 3.39 及表 3.40 中可以看出,四家汽车公司 2019 至 2022 年四年的净利润平均增长率大相径庭,新能源汽车发展迅猛,传统燃油汽车几乎没有增长。比亚迪汽车和特斯拉汽车分别增长 70% 和 91%;丰田汽车下降了 1%、大众汽车增长 2%,新能源汽车龙头公司的增长率几乎是传统燃油车的龙头公司增长率的 50 倍。可以从两个方面进行理解:一是丰田汽车和大众汽车的净利润基数很大,增长率自然就会低,比亚迪汽车和特斯拉汽车净利润基数低,净利润稍微增长,增长率看起来就会很高;二是汽车市场确实迎来了新能源汽车的春天,销售猛增、产能猛增,而且带来了净利润的更快增长,这是一个非常好的信号。

表 3.40　三大汽车公司净利润增长率计算表

单位:亿元

净利润增长率	2019年	2020年	2021年	2022年	四年平均增长率
特斯拉汽车	949	862（较上年增长 −9%）	5 644（较上年增长 555%）	12 587（较上年增长 123%）	91%
丰田汽车	19 607	20 997（较上年增长 7%）	24 243（较上年增长 15%）	18 651（较上年增长 −23%）	−1%
大众汽车	15 588	10 735（较上年增长 −31%）	17 433（较上年增长 62%）	16 775（较上年增长 −4%）	2%

比亚迪汽车和特斯拉汽车 2019 至 2022 年的数据显示,资产总额平均增长了约 25%、营业收入平均增长了约 35%、净利润平均增长了约 75%,说明新能源汽车龙头公司的资产增

长带动营业收入更高增长,营业收入增长又带动净利润更高增长,三者形成了良性循环的发展状态。

四、现金流增长能力分析

(一) 公司现金流增长能力指标的含义

公司现金流增长能力主要指公司经营活动现金流量净额增长的速度。衡量公司现金流增长能力核心指标是经营活动现金流量净额增长率。经营活动产生的现金流净额是公司最主要的现金来源,反映了公司经营活动产生现金的情况,关系着公司的健康发展,最终决定公司的生死存亡,是衡量公司健康和持续发展的重要指标。

(二) 经营活动现金流量净额增长能力指标的计算公式

经营活动现金流量净额增长率=(本年经营活动现金流量净额增长额÷上年经营活动现金流量净额总额)×100%

其中,本年经营活动现金流量净额增长额=本年经营活动现金流量净额总额−上年经营活动现金流量净额总额。

在实际应用中,计算周期较长的经济增长、投资回报、公司发展等使用几何平均数方法来表示平均增长率。

$$四年经营活动现金流量净额平均增长率 = \left(\sqrt[4]{\frac{本年经营活动现金流量净额总额}{四年前经营活动现金流量净额总额}} - 1 \right) \times 100\%$$

(1) 分母的选择:四年前经营活动现金流量净额总额。
(2) 分子的选择:本年经营活动现金流量净额总额。
(3) 期间的选择:本年和四年前。

(三) 经营现金流量净额增长能力指标的计算与分析要点

根据前表数据整理,比亚迪股份有限公司经营现金流量净额增长率计算如表3.41及图3.12所示。

表3.41 比亚迪股份有限公司经营现金流量净额增长率计算表

项 目	2018年	2019年	2020年	2021年	2022年	四年平均增长率
经营活动产生的现金流量净额(亿元)	125	147	453	654	1 408	76%
经营活动产生的现金流量净额增长率		17.60%	208.16%	44.37%	115.29%	

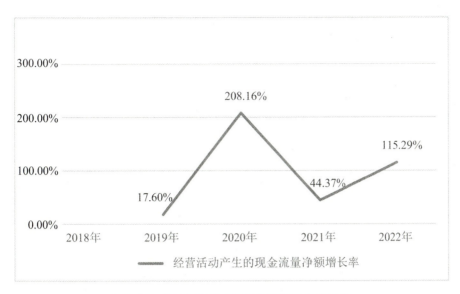

图 3.12 经营活动现金流量净额增长率趋势图

从表3.41及表3.42中可以看出,四家汽车公司2019至2022年四年经营活动的现金流量净额平均增长率大相径庭,新能源汽车发展迅猛,传统燃油汽车几乎没有增长。比亚迪汽车和特斯拉汽车分别增长76%和57%;丰田汽车没有增长、大众汽车增长11%,新能源汽车龙头公司的增长率几乎是传统燃油车的龙头公司增长率的5倍。可以从两个方面进行理解:一是丰田汽车和大众汽车的经营现金流量净额基数很大,增长率自然就会低,比亚迪汽车和特斯拉汽车经营现金流量净额基数低,经营现金流量净额稍微增长,增长率看起来就会很高;二是汽车市场确实迎来了新能源汽车的春天,销售猛增、产能猛增、净利润猛增,而且带来了经营现金流量净额的更快增长,这是一个非常好的信号。

表 3.42 三大汽车公司经营活动现金净额增长率计算表

单位:亿元

经营净现金余额增长率	2019年	2020年	2021年	2022年	四年平均增长率
特斯拉汽车	2 405	5 943（较上年增长147%）	11 497（较上年增长93%）	14 724（较上年增长28%）	57%
丰田汽车	22 277	25 089（较上年增长13%）	31 394（较上年增长25%）	22 108（较上年增长−30%）	0%
大众汽车	19 981	30 293（较上年增长52%）	43 653（较上年增长44%）	30 186（较上年增长−31%）	11%

五、总市值增长能力分析

(一) 公司总市值增长能力指标的含义

公司总市值增长能力主要指公司总市值增长的速度。衡量公司总市值能力的核心指标是总市值增长率。总市值是资本市场投资者给出的公司的价格,如果投资者看好公司的未来,就给公司定高的市值;如果投资者不看好公司的未来,公司的市值就会下降。市值对上市公司来说是一个更敏感的指标,是公司全部信息的综合表现,是公司过去、现在、未来的综合表现。

(二) 公司总市值增长能力指标的计算公式

公司总市值增长率＝(本年公司总市值增长额÷上年公司总市值总额)×100%
其中,本年公司总市值增长额＝本年公司总市值总额－上年公司总市值总额。

在实际应用中,计算周期较长的经济增长、投资回报、公司发展等使用几何平均数方法来表示平均增长率。

$$四年公司总市值平均增长率=\left(\sqrt[4]{\frac{本年公司总市值总额}{四年前公司总市值总额}}-1\right)\times 100\%$$

(1) 分母的选择:四年前公司总市值总额。
(2) 分子的选择:本年公司总市值总额。
(3) 期间的选择:本年和四年前。

(三) 公司总市值增长能力指标的计算与分析要点

根据前表数据整理,比亚迪股份有限公司总市值增长率计算如表3.43及图3.13所示。

表3.43 比亚迪股份有限公司总市值增长率计算表

项 目	2019年	2020年	2021年	2022年	四年平均增长率
总市值(百万元)	13 559	72 095	98 979	71 527	52%
总市值增长率		432%	37%	－28%	

从表3.43及表3.44可以看出,四家汽车公司2019至2022年四年总市值平均增长率大相径庭,新能源汽车市值增长迅猛,传统燃油汽车几乎没有增长。比亚迪汽车和特斯拉汽车总市值分别增长52%和51%;丰田汽车增长4%、大众汽车下降5%,新能源汽车龙头公司的增长率几乎是传统燃油车的龙头公司增长率的10倍。尽管特斯拉汽车的资产规模、营收规模、净利润规模都比不上丰田汽车,但是现在是总市值第一的汽车公司,达到3 800亿美元,几乎是丰田汽车总市值的2倍,是大众汽车总市值的5倍。其中的最大原因是在全球气候危机的大背景下,世界经济转向绿色化,投资者看好新能源汽车的未来。

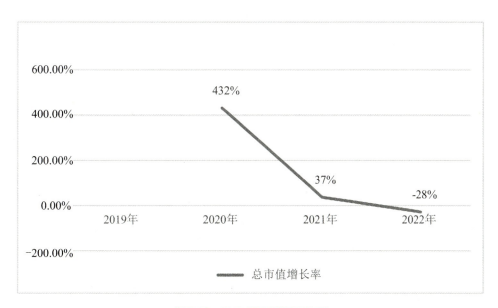

图3.13 总市值增长率趋势图

表3.44 三大汽车公司总市值增长率计算表

单位:百万美元

总市值增长率	2019年	2020年	2021年	2022年	四年平均增长率
特斯拉汽车	75 744	667 443（较上年增长781%）	1 091 654（较上年增长64%）	389 742（较上年增长-64%）	51%
丰田汽车	165 900	218 168（较上年增长32%）	248 354（较上年增长14%）	192 205（较上年增长-23%）	4%
大众汽车	96 700	104 520（较上年增长8%）	146 378（较上年增长40%）	78 428（较上年增长-46%）	-5%

课后复习题

一、单项选择题

1. 总资产增长能力指标通常用来衡量什么?（　　）
   A. 公司的盈利能力　　　　B. 公司的资产总额增长速度
   C. 公司的负债水平　　　　D. 公司的市场竞争力
2. 在分析总资产增长能力时,需要关注哪两个方面的关系?（　　）
   A. 资产增长速度和负债水平　　　　B. 资产规模和负债结构

C. 资产规模扩张的质和量　　　　　D. 资产增长速度和公司盈利能力

3. 计算总资产增长率时,分母通常选择什么?(　　)
   A. 本年总资产增长额　　　　　　B. 年末资产总额
   C. 年初资产总额　　　　　　　　D. 上年资产总额

4. 营业收入增长率大于0时,通常意味着什么?(　　)
   A. 公司市场份额萎缩　　　　　　B. 公司主营业务收入有所增长
   C. 公司产品质量下降　　　　　　D. 公司服务价格过高

5. 净利润增长率的提高通常意味着公司的什么能力增强?(　　)
   A. 成本控制　　　　　　　　　　B. 净利润增长能力
   C. 资产运营效率　　　　　　　　D. 负债管理

6. 经营活动现金流量净额增长率反映了公司哪一方面的情况?(　　)
   A. 短期偿债能力　　　　　　　　B. 长期发展能力
   C. 经营活动产生现金的情况　　　D. 投资活动产生的收益

7. 公司总市值增长能力指标通常用来衡量什么?(　　)
   A. 公司的资产总额　　　　　　　B. 公司总市值增长的速度
   C. 公司的净利润　　　　　　　　D. 公司的营业收入

8. 总市值增长率的提高通常反映了投资者对公司的什么态度?(　　)
   A. 投资者对公司未来不看好　　　B. 投资者对公司未来看好
   C. 投资者对公司产品不满意　　　D. 投资者对公司管理团队不信任

9. 在分析公司增长能力时,通常需要考虑哪些因素?(　　)
   A. 公司的资产规模　　　　　　　B. 公司的负债水平
   C. 公司的增长速度和质量　　　　D. 公司的市场风险

10. 根据增长能力指标分析,如果一家公司的总资产增长率和营业收入增长率都很高,这通常意味着什么?(　　)
    A. 公司可能存在过度扩张的风险　B. 公司资产增长未能带来收益增长
    C. 公司资产增长带动了收益增长　D. 公司营业收入增长未能带动资产增长

11. 在新能源汽车产业中,哪类公司的增长速度通常更快?(　　)
    A. 新兴的新能源汽车公司　　　　B. 传统的燃油汽车公司
    C. 多元化经营的汽车公司　　　　D. 专注于高端市场的汽车公司

12. 投资者通常如何评估一家公司的长期增长潜力?(　　)
    A. 通过公司的短期利润　　　　　B. 通过公司的总市值
    C. 通过公司的增长能力指标　　　D. 通过公司的负债水平

13. 一家公司的经营活动现金流量净额增长额的增加通常意味着什么?(　　)
    A. 公司的负债减少　　　　　　　B. 公司的净利润增加
    C. 公司的现金流状况改善　　　　D. 公司的营业收入减少

14. 在公司增长能力分析中,哪个指标的增长通常被视为公司健康发展的积极信号?(　　)
    A. 总资产增长率　　　　　　　　B. 营业收入增长率
    C. 净利润增长率　　　　　　　　D. 经营活动现金流量净额增长率

15. 如果一家公司的净利润增长率连续几年都很高,这通常表明公司具有什么样的特点?(   )

A. 公司具有很大的市场风险
B. 公司具有强大的盈利能力和发展潜力
C. 公司过度依赖债务融资
D. 公司面临较大的市场竞争压力

二、计算分析题

1. 请根据前述美的集团相关资料,填写如表3.45所示的美的集团的资产总额和资产增长率,并对美的集团的规模增长速度进行简要评价。

表3.45　美的集团资产增长率计算表

项　目	2018年	2019年	2020年	2021年	2022年	四年平均增长率
资产总额(亿元)						
资产增长率						

2. 请根据前述美的集团相关资料,填写如表3.46所示的美的集团的营业收入和营业收入增长率,并结合美的集团的营业收入增长率简要评价资产增长质量。

表3.46　美的集团营业收入增长率计算表

项　目	2018年	2019年	2020年	2021年	2022年	四年平均增长率
营业收入(亿元)						
营业收入增长率						

3. 请根据前述美的集团相关资料,填写如表3.47所示的美的集团的净利润和净利润增长率,并结合美的集团的净利润增长率简要评价资产增长质量和营业收入增长质量。

表3.47　美的集团净利润增长率计算表

项　目	2018年	2019年	2020年	2021年	2022年	四年平均增长率
净利润(亿元)						
净利润增长率						

4. 请根据前述美的集团相关资料,填写如表3.48所示的美的集团的经营活动产生的现金流量净额和经营活动产生的现金流量净额增长率,并对美的集团的现金流量增长情况进行简要评价。

表3.48　美的集团经营活动现金流量净额增长率计算表

项　　目	2018年	2019年	2020年	2021年	2022年	四年平均增长率
经营活动产生的现金流量净额(亿元)						
经营活动产生的现金流量净额增长率						

5. 请根据前述美的集团相关资料,填写如表3.49所示的美的集团的总市值和总市值增长率,并分析在资本市场上投资者是看多还是看空美的集团?

表3.49　美的集团总市值增长率计算表

项　　目	2018年	2019年	2020年	2021年	2022年	四年平均增长率
总市值(亿元)						
总市值增长率						

6. 请根据前述广州酒家相关资料,填写如表3.50至表3.54所示的广州酒家的数据和指标,并对广州酒家的资产增长、营业收入增长、净利润增长、现金流量增长情况和市值表现进行简要评价。

表3.50　广州酒家资产增长率计算表

项　　目	2018年	2019年	2020年	2021年	2022年	四年平均增长率
资产总额(亿元)						
资产增长率						

表3.51　广州酒家营业收入增长率计算表

项　　目	2018年	2019年	2020年	2021年	2022年	四年平均增长率
营业收入(亿元)						
营业收入增长率						

表3.52　广州酒家净利润增长率计算表

项　目	2018年	2019年	2020年	2021年	2022年	四年平均增长率
净利润（亿元）						
净利润增长率						

表3.53　广州酒家经营活动现金流量净额增长率计算表

项　目	2018年	2019年	2020年	2021年	2022年	四年平均增长率
经营活动产生的现金流量净额（亿元）						
经营活动产生的现金流量净额增长率						

表3.54　广州酒家总市值增长率计算表

项　目	2018年	2019年	2020年	2021年	2022年	四年平均增长率
总市值（亿元）						
总市值增长率						

第四节　公司偿债能力分析

学习目标

1. 掌握两个偿债能力指标的计算方法。
2. 运用偿债能力指标对公司的偿债能力进行评价。

知识拓展

开展按揭贷款业务的动力

我们在2015年发放的贷款平均每笔是59 942美元，对于传统放贷者来说数额很小，但对于许多低收入贷款人来说意义非凡,他们能依靠这笔贷款获得一栋体面的房子,平均每月只需支付552美元的本息。看看我们在年会上展示的房子的照片吧,多漂亮!

当然了,有些贷款人可能会失业,会离婚或者是去世。也有人会遭遇其他经济问题。遇到这种情况我们会损失钱,我们的贷款人会失去首付款。即便如此,但是我们的FICO评分、我们的贷款人的收入和他们在经济危机期间的偿还贷款情况都比其他同类按揭贷款要好,而那一类按揭贷款的贷款人的收入往往是我们的贷款人的收入的好几倍。

贷款人对于拥有一个家的强烈的渴望是我们持续经营房屋按揭贷款业务的主要原因之一。

(资料来源:2015年巴菲特致股东的信　https://www.gelonghui.com)

一、长期偿债能力分析

(一) 公司长期偿债能力指标的含义

公司长期偿债能力主要指公司使用全部资产偿还全部负债的能力,或者说是公司全部资产对全部负债的保障程度。衡量公司长期偿债能力的核心指标是资产负债率。资产负债率是评估企业财务稳健性的重要指标之一。较低的资产负债率通常表示企业资产较多地由所有者权益提供资金,具有较强的财务实力和偿债能力。

(二) 公司长期偿债能力指标的计算公式

$$资产负债率 = (负债总额 \div 资产总额) \times 100\%$$

一般情况下,资产负债率在50%上下比较安全;太高的话,则风险太大,一旦经济社会发生危机,公司就很可能倒闭;太低的话,则财务杠杆利用不足,企业发展速度较慢,可能抓不住发展机会。

(1) 分母的选择:资产总额。

(2) 分子的选择:负债总额。

(3) 期间的选择:本期。

(三) 资产负债率能力指标的计算与分析要点

根据前表数据整理,比亚迪股份有限公司资产负债率计算如表3.55及图3.14所示。

表3.55　比亚迪股份有限公司资产负债率计算表

项目	2019年	2020年	2021年	2022年
资产总计(亿元)	1 956	2 010	2 957	4 938
负债合计(亿元)	1 330	1 365	1 915	3 724
资产负债率	68%	68%	65%	75%

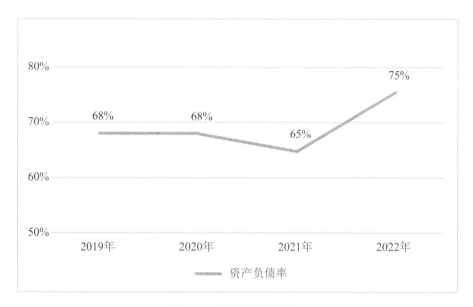

图 3.14　资产负债率趋势图

从表 3.55 及表 3.56 可以看出,四家汽车公司的资产负债率差异很大,但是总体而言负债风险都不高。其中,资产负债率最高的是比亚迪汽车,大约在 75%,原因是比亚迪汽车的销量迅速提升,规模急速扩张,需要大量的资源,从而导致公司负债增加。特斯拉汽车的资产负债率最低,大约在 44%,分析原因应该是特斯拉汽车在上海的超级工厂投产后,产能大幅增加,销售非常火爆,盈利大大改善,同时受到资本市场的青睐,获得大量融资,使得特斯拉的负债率逐年降低。丰田汽车和大众汽车的资产负债率保持在 60% 左右,比较安全,也比较稳定,这与传统燃油车行业的非常成熟的行业特点有关。

表 3.56　三大汽车公司资产负债率表

资产负债率	2019年	2020年	2021年	2022年
特斯拉汽车	76%	55%	49%	44%
丰田汽车	60%	61%	60%	61%
大众汽车	75%	74%	72%	68%

按揭贷款

按揭贷款对于借方和整个社会都有极大好处。毫无疑问,导致 2008 年金融危机进而引发经济衰退的元凶之一就是不顾后果地滥放按揭贷款行为。危机发生之前,一个腐朽的按揭贷款模式往往是这样:例如加利福尼亚州的一家金融机构放了许多贷款,然后这家机构迅速把这些贷款卖给一家比方说在纽约的投资银行或商业银行,这家银行会积累许多贷款,并把这些贷款抵押作为抵押贷款证券的抵押物,随后又把这些证券卖给世界各地不知情的机构或个人。

似乎上述的恶行还不足以引发坏结果,一些异想天开的投资银行有时还在此基础上炮制出第二层融资产品,这些产品的价值主要依赖于那些初次发行债券的垃圾部分。(如果华尔街声称他们发明了什么新产品,你可要当心!)

(资料来源:2015年巴菲特致股东的信 https://www.gelonghui.com)

二、短期偿债能力分析

(一) 公司短期偿债能力指标的含义

公司短期偿债能力主要指公司使用流动资产偿还流动负债的能力。衡量短期偿债能力的核心指标是流动比率。一般认为流动比率应在1~2。流动比率过高,假设在2以上,即流动资产相对于流动负债太多,可能是存货积压,也可能是持有现金太多,或者两者兼而有之。公司的存货积压,说明公司经营不善,存货可能存在问题;现金持有太多,说明公司不善理财,资金利用效率低下。流动比率太低,假设在1倍以下,短期内有可能产生比较大的偿债压力,因为流动负债意味着短期内需要偿还,但是流动资产短期内变现困难,特别是其中的存货销售问题,应收账款回款问题等都不是公司能完全控制的,存在很大的不确定性。

(二) 企业短期偿债能力指标的计算公式

$$流动比率=(流动资产÷流动负债)\times 100\%$$

(1) 分母的选择:流动负债。
(2) 分子的选择:流动资产。
(3) 期间的选择:本期。

(三) 流动比率指标的计算与分析要点

根据前表数据整理,比亚迪股份有限公司流动比率计算如表3.57及图3.15所示。

表3.57　比亚迪股份有限公司流动比率计算表

项　　目	2019年	2020年	2021年	2022年
流动资产合计(亿元)	1 069	1 116	1 661	2 408
流动负债合计(亿元)	1 080	1 064	1 713	3 333
流动比率	99%	105%	97%	72%

从表3.57及表3.58中可以看出,四家汽车公司的流动比率差异很大。其中,流动比率最低的是比亚迪汽车,大约在72%,短期偿债压力很大,属于比较激进的融资政策。原因是比亚迪汽车的销量迅速提升,规模急速扩张,需要大量的资源,从而导致公司负债增加。特斯拉汽车的流动比率最高,大约在153%,短期偿债能力很强,非常安全。分析原因应该是特斯

拉汽车在上海的超级工厂投产后,产能大幅增加,销售非常火爆,盈利大大改善,同时受到资本市场的青睐,获得大量融资,使得特斯拉的负债率逐年降低。丰田汽车和大众汽车的流动比率保持在110%～120%,比较安全,也比较稳定,这与传统燃油车行业的非常成熟的行业特点有关。

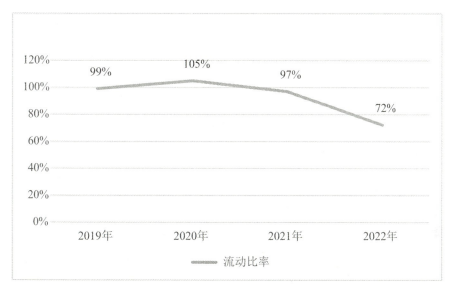

图3.15　流动比率趋势图

表3.58　三大汽车公司流动比率表

流动比率	2019年	2020年	2021年	2022年
特斯拉汽车	113%	188%	138%	153%
丰田汽车	105%	106%	109%	110%
大众汽车	112%	118%	122%	123%

知识拓展

BNSF与BHE公司

以去年为例,对于各个铁路运输公司来说,是相对不太理想的一年,但BNSF铁路公司的利息偿付比率超过6∶1(我们对偿付比率的定义是,息税前收益和利息之间的比值,而不是EBITDA与利息之间的比值。后者是一个常用的衡量指标,但我们认为有严重缺陷)。

同时,对于伯克希尔·哈撒韦能源公司(BHE)来说,有两大因素确保这家公司在任何外部环境下,都有能力偿付自己的债务。首先是针对所有公共事业,其可以在经济衰退期间保持盈利。因为这些企业提供的是社会基本功能方面的服务,所以社会对它的需求保持着非常稳定的状态。第二个因素是部分公共事业具有一些特定的优势,比如它们有着不断扩大的多元化收益优势。

(资料来源:2016年巴菲特致股东的信 https://www.gelonghui.com)

课后复习题

一、单项选择题

1. 公司偿债能力分析的主要目标是什么?( )
   A. 计算公司的利润率　　　　　　B. 评价公司的偿债能力
   C. 分析公司的市场份额　　　　　D. 预测公司的股价走势
2. 资产负债率反映了什么?( )
   A. 公司的盈利能力　　　　　　　B. 公司的偿债能力
   C. 公司的市场份额　　　　　　　D. 公司的增长速度
3. 一般情况下,资产负债率的安全范围是多少?( )
   A. 30%以下　　　　　　　　　　B. 50%上下
   C. 70%以上　　　　　　　　　　D. 90%以上
4. 流动比率衡量的是什么?( )
   A. 公司的盈利能力　　　　　　　B. 公司的偿债能力
   C. 公司的市场份额　　　　　　　D. 公司的增长速度
5. 流动比率的理想范围是多少?( )
   A. 0.5~1　　　　　　　　　　　B. 1~2
   C. 2~3　　　　　　　　　　　　D. 3以上
6. 流动比率过高可能意味着什么?( )
   A. 存货积压　　　　　　　　　　B. 现金持有太多
   C. 公司经营不善　　　　　　　　D. 以上都是
7. 以下哪个指标不是衡量公司偿债能力的指标?( )
   A. 资产负债率　　　　　　　　　B. 流动比率
   C. 利润率　　　　　　　　　　　D. 利息保障倍数
8. 以下哪个因素不是影响流动比率的因素?( )
   A. 流动资产　　　　　　　　　　B. 流动负债
   C. 公司的股价　　　　　　　　　D. 公司的经营状况
9. 如果公司的流动比率低于1,这意味着什么?( )
   A. 公司的偿债能力很强　　　　　B. 公司的偿债能力较弱
   C. 公司的盈利能力很强　　　　　D. 公司的市场份额很大
10. 以下哪个因素不是影响资产负债率的因素?( )
    A. 公司的资产总额　　　　　　　B. 公司的负债总额
    C. 公司的股价　　　　　　　　　D. 公司的经营状况
11. 以下哪个指标通常用来衡量公司的长期偿债能力?( )

A. 资产负债率 B. 流动比率
C. 利润率 D. 利息保障倍数

12. 以下哪个指标通常用来衡量公司的短期偿债能力?( )

A. 资产负债率 B. 流动比率
C. 利润率 D. 利息保障倍数

13. 以下哪个因素不是影响公司偿债能力的风险因素?( )

A. 公司的资产总额 B. 公司的负债总额
C. 公司的经营状况 D. 公司的股价

14. 以下哪个指标不是衡量公司偿债能力的指标?( )

A. 资产负债率 B. 流动比率
C. 股东权益比率 D. 利息保障倍数

15. 以下哪个因素不是影响公司偿债能力的优势因素?( )

A. 公司的资产总额 B. 公司的负债总额
C. 公司的经营状况 D. 公司的股价

二、计算分析题

1. 请根据前述美的集团相关资料,填写如表3.59所示的美的集团的资产总额、负债合计,计算资产负债率,并简要评价美的集团整体的财务风险。

表3.59 美的集团资产负债率计算表

项 目	2019年	2020年	2021年	2022年
资产总计(亿元)				
负债合计(亿元)				
资产负债率				

2. 请根据前述美的集团相关资料,填写如表3.60所示的美的集团的流动资产合计、流动负债合计,计算流动比率,并简要评价美的集团整体短期的财务风险。

表3.60 美的集团流动比率计算表

项 目	2019年	2020年	2021年	2022年
流动资产合计(亿元)				
流动负债合计(亿元)				
流动比率				

3. 请根据前述广州酒家相关资料,填写如表3.61、表3.62所示的广州酒家的数据和指标,并简要评价广州酒家长期和短期的财务风险。

表3.61 广州酒家资产负债率计算表

项 目	2019年	2020年	2021年	2022年
资产总计(亿元)				
负债合计(亿元)				
资产负债率				

表3.62 广州酒家流动比率计算表

项 目	2019年	2020年	2021年	2022年
流动资产合计(亿元)				
流动负债合计(亿元)				
流动比率				

第五节 杜邦分析法

学习目标

1. 理解杜邦分析法。
2. 运用杜邦分析法对企业的三大能力进行评价。

(一) 杜邦分析法的含义

杜邦分析法指利用几种主要的财务比率之间的关系来综合分析公司的财务状况,这种分析方法最早由美国杜邦公司使用,故名杜邦分析法。

杜邦分析法是一种用来评价公司盈利能力和股东权益回报水平,从财务角度评价公司绩效的一种经典方法。其基本思想是将公司净资产收益率(ROE)经过两次分解成三个财务比率乘积,这样有助于深入分析比较公司的经营业绩。

(二) 杜邦分析法的计算公式

将净资产收益率分解为三部分进行分析:利润率、资产周转率和财务杠杆。
杜邦分析法分析发现净资产收益率受三类因素影响:
(1) 净利润率,用销售净利润率衡量,表明公司的盈利能力。
(2) 资产周转率,用资产周转率衡量,表明公司的营运能力。
(3) 财务杠杆,用权益乘数衡量,表明公司的资本结构和债务风险。

净资产收益率＝销售净利润率×资产周转率×权益乘数

杜邦分析法如图3.16所示。

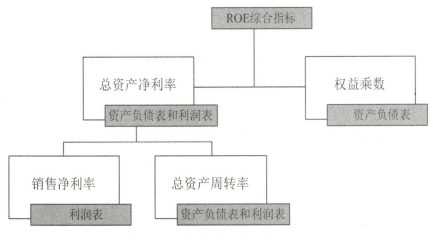

图3.16 杜邦分析法

（三）杜邦分析法计算与分析要点

以杜邦分析法分析2022年特斯拉汽车如图3.17所示。

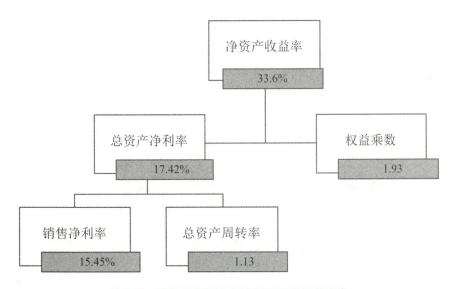

图3.17 以杜邦分析法分析2022年特斯拉汽车

以杜邦分析法分析2022年比亚迪汽车如图3.18所示。

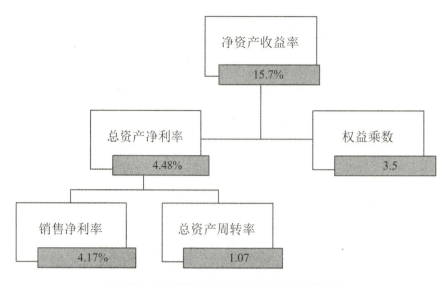

图3.18 以杜邦分析法分析2022年比亚迪汽车

以杜邦分析法分析2022年丰田汽车如图3.19所示。

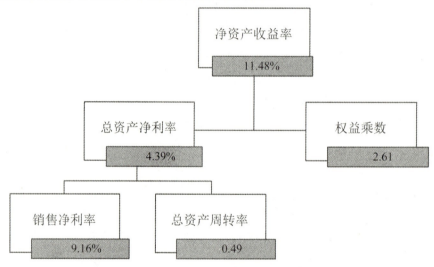

图3.19 以杜邦分析法分析2022年丰田汽车

以杜邦分析法分析2022年大众汽车如图3.20所示。

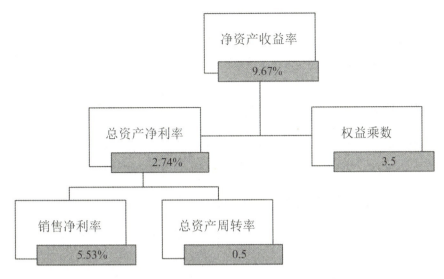

图 3.20　以杜邦分析法分析 2022 年大众汽车

从图 3.16 至图 3.20 中可以看出,2022 年特斯拉汽车的净资产收益率最高,达到 33.6%,碾压其他 3 家车企,最低的是大众汽车的 9.67%。

在三个分解指标中,代表公司盈利能力的指标销售净利率,最高的是特斯拉汽车,达到 15.45%,真是高得不可思议,最低的是比亚迪汽车 4.17%,特斯拉汽车的盈利能力是比亚迪汽车的 3 倍。代表公司资产运用能力的指标资产周转率,最高的也是特斯拉汽车,达到 1.13,最低的是丰田汽车的 0.49,特斯拉汽车的资产利用效率是丰田汽车资产利用效率的 2.3 倍。代表公司财务压力的指标权益乘数,最高的是比亚迪汽车和大众汽车,达到 3.5,意味着公司每 1 元自有资产撬动了 3.5 元的总资产,属于比较激进的财务政策。最低的是特斯拉汽车的 1.93,相对而言,特斯拉汽车在财务结构上比较稳健。如果特斯拉汽车也同样提高杠杆率,那么它的净资产收益率又会大大提高。

课后复习题

一、单项选择题

1. 杜邦分析法的基本思想是什么?(　　)
   A. 将净资产收益率分解为利润率和资产周转率
   B. 将净资产收益率分解为利润率、资产周转率和财务杠杆
   C. 将净资产收益率分解为销售增长率和资产负债率
   D. 将净资产收益率分解为营运效率和财务风险

2. 在杜邦分析法中,净资产收益率是如何分解的?(　　)
   A. 净资产收益率 = 净利润率
   B. 净资产收益率 = 资产周转率
   C. 净资产收益率 = 财务杠杆
   D. 净资产收益率 = 净利润率×资产周转率×财务杠杆

3. 销售净利润率在杜邦分析法中代表什么?(　　)

A. 公司的营运能力 B. 公司的盈利能力
C. 公司的财务压力 D. 公司的资本结构

4. 资产周转率在杜邦分析法中代表什么?( )
   A. 公司的营运能力 B. 公司的盈利能力
   C. 公司的财务压力 D. 公司的资本结构

5. 权益乘数在杜邦分析法中代表什么?( )
   A. 公司的营运能力 B. 公司的盈利能力
   C. 公司的财务压力 D. 公司的资本结构

6. 以下哪项不是杜邦财务报表分析体系的组成部分?( )
   A. 销售净利润率 B. 资产周转率
   C. 权益乘数 D. 市场增长率

7. 杜邦分析法中,哪一项比率直接关联到公司的盈利水平?( )
   A. 销售净利润率 B. 资产周转率
   C. 权益乘数 D. 负债比率

8. 一家公司的财务杠杆较高,这通常意味着什么?( )
   A. 公司的营运能力较强 B. 公司的盈利能力较强
   C. 公司的财务风险较高 D. 公司的资本结构较为保守

9. 在杜邦分析法中,权益乘数是如何计算的?( )
   A. 总资产/股东权益 B. 总负债/股东权益
   C. 总资产×股东权益 D. 总负债×股东权益

10. 如果一家公司想要提高其净资产收益率,它可以采取哪些措施?( )
    A. 提高销售净利润率 B. 提高资产周转率
    C. 增加财务杠杆 D. 以上所有选项

11. 权益乘数较高通常意味着什么?( )
    A. 公司使用了较多的债务融资 B. 公司使用了较多的权益融资
    C. 公司的财务结构非常稳健 D. 公司的营运效率非常高

12. 在杜邦分析法中,哪一项比率与公司的资本结构直接相关?( )
    A. 销售净利润率 B. 资产周转率
    C. 权益乘数 D. 存货周转率

13. 以下哪项不是杜邦财务报表分析体系的计算与分析要点?( )
    A. 分析公司的盈利能力 B. 分析公司的营运能力
    C. 分析公司的财务压力 D. 分析公司的市场竞争力

14. 在杜邦分析法中,哪一项与公司的财务风险直接相关?( )
    A. 销售净利润率 B. 资产周转率
    C. 权益乘数 D. 存货周转率

15. 一家公司的净资产收益率较低,但销售净利润率较高,这可能意味着什么?( )
    A. 公司的资产周转率较低 B. 公司的财务杠杆较高
    C. 公司的财务风险较高 D. 公司的营运效率较低

二、计算分析题

1. 计算、分解美的集团2022年和2021年的净资产收益率(图3.21、图3.22),并对两年的净资产收益率进行比较分析,在盈利能力、运营能力和债务风险中,哪些因素变好了?哪些因素恶化了?

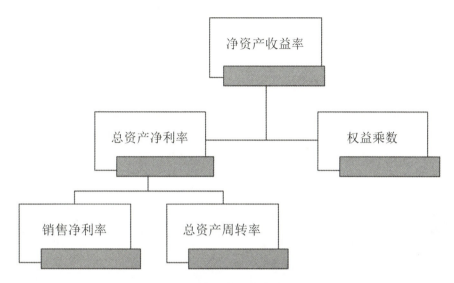

图3.21　2022年美的集团净资产收益率

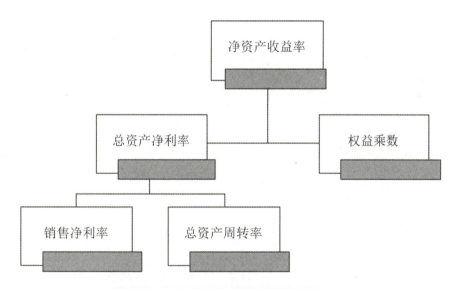

图3.22　2021年美的集团净资产收益率

2. 计算、分解广州酒家2022年和2021年的净资产收益率(图3.23、图3.24),并对两年的净资产收益率进行比较分析,在盈利能力、运营能力和债务风险中,哪些因素变好了?哪些因素恶化了?

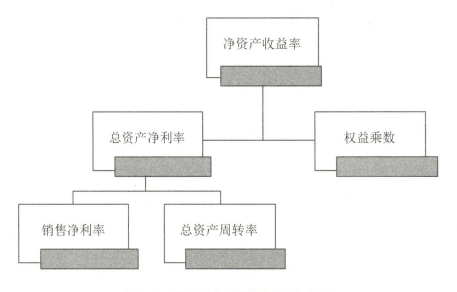

图 3.23　2022 年广州酒家净资产收益率

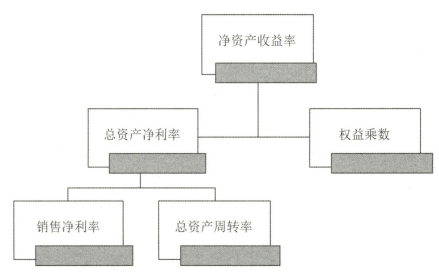

图 3.24　2021 年广州酒家净资产收益率

第六节　上市公司特有财务指标

学习目标

1. 理解上市公司特有的财务指标。
2. 运用上市公司特有的财务指标分析上市公司价值。

一、上市公司特有财务指标的含义及计算公式

上市公司是指可以在证券交易所公开交易其公司股票、公司债券等的股份有限公司。公司将其股份在证券交易所上市后,公众人士可根据各个交易所的规则,自由买卖相关股份,买入股份的公众人士即成为该公司之股东,享有权益。

伯克希尔股票的4次重挫

伯克希尔公司本身就极好地说明了短期的价格随机波动,可能掩盖长期的价值增长。在过去的53年当中,伯克希尔通过将盈利进行再投资并让其产生复利的方式创造了奇迹。年复一年,我们砥砺前行。但是,伯克希尔股票仍然经历了4次重挫,表3.63是"惨案"的细节。

表3.63 伯克希尔的4次重挫

时　　期	高　点	低　点	跌　幅
1973年3月至1975年1月	93	38	59.1%
1987年10月2日至10月27日	4250	2 675	37.1%
1998年6月19日至2000年3月10日	80 900	41 300	48.9%
2008年9月19日至2009年3月5日	147 000	72 400	50.7%

这个表格为我反对借钱炒股提供了最有力的论据。因为完全无法预测短期内股票会跌到什么程度。即使你借的钱很少,你的仓位也没有受到市场下挫的直接威胁,但你的头脑也许会受到恐怖的媒体头条与令人窒息评论的影响,从而惊慌失措。一旦心无静气,你就很难作出好的决定。

(资料来源:2017年巴菲特致股东的信　https://www.gelonghui.com)

截至2023年8月末,中国A股上市公司总数为5 266家,总市值为81万亿元。截至2022年底,香港证券交易所上市的公司共2 597家,总市值约为35.7万亿港币。截至2023年底,美国美股上市公司总数11 000多家,总市值为20万亿美元。表3.64为截至2023年12月中国上市公司市值前十的企业,表3.65为截至2023年6月全球上市公司市值前十的企业。

表3.64 截至2023年12月中国上市公司市值前十

排　名	企　业	行　业	市值(万亿元)
1	台积电	信息技术	3.82
2	腾讯控股	互联网通信和科技	2.52

续表

排　名	企　业	行　业	市值(万亿元)
3	贵州茅台	日常消费品	2.17
4	中国移动	通信服务	2.13
5	工商银行	金融	1.7
6	建设银行	金融	1.63
7	阿里巴巴	电子商务	1.4
8	拼多多	电子商务	1.38
9	中国石油	能源	1.29
10	农业银行	金融	1.27

表3.65　截至2023年6月全球上市公司市值前十

排　名	企　业	行　业	市值(万亿美元)
1	苹果	消费电子	2.89
2	微软	互联网	2.51
3	沙特阿美	能源	2.18
4	谷歌	在线广告	1.57
5	亚马逊	电子商务	1.3
6	英伟达	信息技术	1.06
7	特斯拉	汽车	0.81
8	伯克希尔·哈撒韦	金融投资	0.73
9	脸书	互联网通信	0.70
10	台积电	信息技术	0.55

(一) 每股营收

1. 每股营收的含义

每股营收是指公司每一股普通股所对应的营业收入。它是衡量公司营业收入水平的指标，可以帮助投资者了解公司的业务运营情况。每股营业收入可以通过将公司的总营业收入除以普通股的数量来计算得出。

这个指标可以帮助投资者评估公司的经营效率和盈利能力，以及每一股普通股所代表的业务规模。通常情况下，每股营业收入越高，意味着公司的业务运营效率越高，投资者可能会更有信心投资该公司的股票。

2. 每股营收计算公式

每股营收＝（营业收入÷已发行普通股票总数量）×100％

（二）每股收益

1. 每股收益的含义

每股收益是指公司每股股票所代表的盈利。它是公司的净利润（即公司总收入减去总成本和税费后的剩余利润）与已发行股票的数量之比。

每股收益是投资者用来评估公司盈利能力和股票价值的关键指标之一。通常情况下，每股收益越高，意味着公司的盈利能力越强，每股股票所代表的收益也就越高。每股高收益通常被视为公司股票有吸引力的一个指标。

然而，需要注意的是，每股收益只是公司的一个财务指标，不能单独决定公司的投资价值。投资者还应该结合其他因素，如公司的成长潜力、行业地位、财务状况等因素综合考虑，以便作出全面的投资决策。

2. 每股收益计算公式

每股收益＝（净利润÷已发行普通股票总数量）×100％

可口可乐的股票分红

1994年8月，是的，1994年，伯克希尔完成了对我们现在持有的4亿股可口可乐的收购，先后花了7年时间，总成本为13亿美元。这在当时对伯克希尔来说是一笔非常大的数目。

1994年我们从可口可乐公司获得的现金分红是7 500万美元。到2022年，股息增加到7.04亿美元。分红每年都在发生，就像生日一样确定无疑。查理和我只需要兑现可口可乐的季度股息支票。我们预计分红很可能会继续增加。

（资料来源：2022年巴菲特致股东的信　https://www.gelonghui.com）

（三）每股净资产

1. 每股净资产的含义

每股净资产是指公司每股股票所代表的净资产价值。它是公司的净资产（总资产减去总负债）与已发行股票的数量之比。

每股净资产是投资者用来评估公司价值和财务健康状况的重要指标之一。通常情况下，每股净资产较高的公司可能更有价值，因为每股股票所代表的资产价值更高。高的每股净资产通常被视为公司财务健康和稳定性的一个指标。

2. 每股净资产计算公式

每股净资产＝（净资产÷已发行普通股票总数量）×100％

(四)每股现金

1. 每股现金的含义

每股现金是指公司每一股拥有的现金金额。它是通过将公司的现金总额除以已发行股票的总数量计算得出的。每股现金反映了公司在账户上的现金储备与其股票数量之间的关系。

每股现金是投资者用来评估一家公司财务状况的指标之一。通常情况下,较高的每股现金意味着公司拥有更多的现金储备,这可以为公司提供更大的灵活性和稳定性,例如用于支付债务、投资发展、分红给股东或应对突发事件。

2. 每股现金计算公式

$$每股现金 = (货币资金 \div 已发行普通股票总数量) \times 100\%$$

(五)市净率

1. 市净率的含义

市净率是衡量公司股票价格与其每股账面价值之间关系的指标。它是公司的市值(总市值)与其账面价值之比,通常以倍数的形式表示。

其中,每股股票价格是公司的市场价值除以已发行股票的数量,而每股账面价值是公司净资产(即总资产减去总负债)除以已发行股票的数量。

市净率用于评估公司股票的相对估值。较低的市净率通常被视为公司被低估的迹象,因为投资者可以以相对较低的价格购买到公司的资产。相反,较高的市净率可能意味着公司被高估,投资者需要以更高的价格来购买公司的资产。

2. 市净率计算公式

$$市净率 = (市值 \div 净资产) \times 100\%$$

知识拓展

股票的账面价值

在长达近30年的时间当中,我们在最初的时间里都是主要谈论伯克希尔每股账面价值的变化。可是现在,我们是时候改弦更张了。

事实就是,伯克希尔账面价值的年度变化——作为一个指标而言,已经不再像过去那样至关重要了。这是环境的变化使然。

首先,伯克希尔已经逐渐蜕变,从一家全部资产主要集中于可销售股票当中的公司变化为一家主要价值来自运营业务的公司。查理和我估计,这种公司的重塑将以一种不规则的方式继续下去。

其次,当下的会计准则尽管要求我们将持有的股票逐日盯紧市场来定价,但是对我们的运营企业,却要求其以远低于当前价值的账面价值来入账,这种错误的影响近年来变得日益严重。

最后,从长期角度看来,伯克希尔很可能会成为一个自身股票的重量级回购者,当股票价格高于账面价值而又低于我们估计的内在价值时,回购就会发生。这种回购背后的计算逻辑非常简单——每一笔交易都会使得每股内在价值提高,同时使得每股账面价值降低。两者交相作用,就会使得记录在案的账面价值日益远离我们的经济现实。

在伯克希尔未来的财务业绩报告当中,我们预计会专注于其市场价格。市场完全可能是极端反复无常的,大家就会有一个最直观的印象。不过,若是着眼于长期,伯克希尔的股价确实是我们业务表现的最佳指标。

（资料来源：2018年巴菲特致股东的信　https://www.gelonghui.com）

（六）总市值

1. 总市值的含义

总市值是指一家公司所有已发行股票的市场价值之和。它是通过将公司的每股股票价格与已发行股票的总数量相乘得出的。总市值也被称为市值或市场资本化。

总市值是衡量一家公司在股票市场上的规模的重要指标之一。它反映了市场对公司的整体价值和投资吸引力的认知。通常情况下,总市值越高,意味着公司在市场上的规模越大,其市场影响力和吸引力可能也越强。

总市值可以用于比较不同公司之间的规模和价值,也可以作为投资者进行投资决策的参考指标之一。然而,投资者在使用总市值进行比较和分析时,还应该考虑公司的财务状况、成长潜力、行业地位等因素,以便作出全面的投资决策。

增加投资价值

我们有三种方法可以增加你的投资价值。

第一个方法永远是我们心中的焦点：通过内部增长或进行收购,增加伯克希尔受控企业的长期盈利能力。如今,内部机会提供的回报远远高于收购。然而,与伯克希尔的资源相比,这些机会的规模却很小。

第二种方法是购买许多上市的优秀或伟大企业的非控股部分权益。这样的可能性有时很多,有明显吸引力。然而,今天,我们发现没有什么让我们兴奋的东西。这在很大程度上是因为一个"真理"：长期低利率会推动所有生产性投资的价格上涨,无论是股票、公寓,还是农场、油井,等等。其他因素也会影响估值,但利率总是很重要的。

最后一种方法是回购伯克希尔的股票。通过这个简单的行动,我们增加了您在伯克希尔拥有的许多受控和非受控企业中的份额。当价格/价值方程是正确的时,这条路是我们最简单和最确定的方法。

（资料来源：2021年巴菲特致股东的信　https://www.gelonghui.com）

知识拓展

市值前15的股票

表3.66列出了截至2013年12月31日我们投资市值前15的股票。

表3.66 我们投资的市值前15的股票

股 份 数	持股公司	持股比例	成本(百万美元)	市值(百万美元)
151 610 700	美国运通	14.2%	1 287	13 756
400 000 000	可口可乐	9.1%	1 299	16 524
22 389 900	DIRECTV	4.2%	1 017	1 536
41 129 643	埃克森美孚	0.9%	3 727	4 162
13 062 594	高盛	2.8%	750	2 315
68 121 984	IBM	6.3%	11 681	12 778
24 669 778	穆迪	11.5%	248	1 936
20 060 390	慕尼黑再保险	11.2%	2 990	4 415
20 668 118	菲利普斯66	3.4%	660	1 594
52 477 678	宝洁	1.9%	336	4 272
22 169 930	赛诺菲	1.7%	1 747	2 354
301 046 076	乐购公司	3.7%	1 699	1 666
96 117 069	美国合众银行	5.3%	3 002	3 883
56 805 984	沃尔玛	1.8%	2 976	4 470
483 470 853	富国银行	9.2%	11 871	21 950
	其他		7 646	11 330
	合计		49 796	87 662

伯克希尔有一项重要的股票投资没有列在表上：在2021年以前的任何时候，我们都可以以50亿美元购买美国银行7亿股股票。截至年底，这些股票价值109亿美元。我们倾向于在购买权到期前行权购买。大家应该了解，对美国银行的投资是我们的第五大股票投资，并且我们非常看好。

除了股票以外，我们也会大额投资债券，通常我们业绩都不错，但也并非时时如此。

（资料来源：2013年巴菲特致股东的信　https://www.gelonghui.com）

2. 总市值计算公式

总市值＝(每股股价×已发行普通股票总数量)×100%

(七) 股息分红率

1. 股息分红率的含义

股息分红率是衡量公司向股东支付股息的比率,通常以百分比的形式表示。它表示的是公司每股支付的股息与每股盈利之比,是股东通过持有公司股票获得的分红收益相对于公司盈利的比例。

通常情况下,股息分红率越高,表示公司向股东支付的股息占其盈利的比例越大。这可能是投资者所追求的,因为高的股息分红率意味着投资者可以通过股息获得稳定的现金回报。

然而,高股息分红率也可能意味着公司留下的盈利较少用于再投资或未来发展,可能会影响公司的成长潜力。因此,投资者在考虑股息分红率时,需要综合考虑公司的财务状况、发展前景以及行业竞争情况等因素,以便作出全面的投资决策。

2. 股息分红率计算公式

$$股息分红率 = (支付的股息 \div 净利润) \times 100\%$$

(八) 每股股息

1. 每股股息的含义

每股股息是指公司每股支付给股东的股息金额。股息是公司利润的一部分,在公司获得利润后,可以选择将其用于再投资或者支付给股东作为回报。每股股息通常以每股的货币单位(如美元、欧元等)来计算,并在公司股票交易所公布的财务报告中披露。投资者通常将每股股息作为衡量股票投资收益的一个指标之一,因为高股息率可能表示公司盈利能力强、稳定性高,或者投资价值较高。

2. 每股股息计算公式

$$每股股息 = (分红股息 \div 已发行普通股票总数量) \times 100\%$$

(九) 市盈率

1. 市盈率的含义

市盈率是用来评估一家公司股票的相对估值的指标之一。它是公司的股票价格与每股盈利(每股收益)之比,通常以倍数的形式表示。

市盈率越高,意味着投资者愿意支付更多的成本来获得同样的每股盈利。一般而言,较高的市盈率可能表示市场对公司未来增长前景持乐观态度,或者是市场对该公司的股票价格出现了过度的乐观情绪。然而,高市盈率也可能意味着公司被过度高估,或者是市场对其未来盈利增长的预期过于乐观。因此,投资者在使用市盈率进行股票评估时,需要综合考虑其他因素,如行业前景、公司管理质量、财务状况、竞争环境等。

另外,市盈率也可以分为静态市盈率(根据过去一年的盈利计算)和动态市盈率(根据未来一年的盈利预期计算)。

2. 市盈率计算公式

$$市盈率 = (股价 \div 每股收益) \times 100\%$$

> **知识拓展**
>
> **通货膨胀**
>
> 现在,很多人意识到通货膨胀的问题了,但可能又担心过头了,他们几乎不看市盈率或股息率就买入蓝筹股,以为自己很保守。那些以为买债券就是保守的人,我们看到他们后来的结果了,现在以为买蓝筹股就是保守的人,结果如何还不得而知,但我认为这么投资风险很大。
>
> 不是因为很多人暂时和你意见一致,你就是对的。不是因为重要人物和你意见一致,你就是对的。当所有人都意见一致时,正是考验你的行为是否保守的时候。
>
> 在很多笔投资的过程中,只要你的前提正确、事实正确、逻辑正确,你最后就是对的。只有凭借知识和理智,才能实现真正的"保守"。
>
> (资料来源:1961年巴菲特致股东的信 https://www.gelonghui.com)

二、上市公司特有指标的计算与分析要点

(一)每股营收

从表3.67及表3.68所示每股营收来看,丰田汽车达到191美元每股,处于遥遥领先的地位,收入规模大,运营效率高。

表3.67 比亚迪股份有限公司每股营收计算表

项 目	2019年	2020年	2021年	2022年
营业收入(亿元)	1 277	1 566	2 161	4 240
普通股票总数量(亿股)	27.281 4	27.281 4	29.111 4	29.11
每股营收(元)	46.81	57.40	74.23	145.65

表3.68 三大汽车公司每股营收表

单位:美元

每股营收	2019年	2020年	2021年	2022年
特斯拉汽车	9.24	9.71	15.9	23.44
丰田汽车	186	195	176	191
大众汽车	56	54	56	59

(二)每股收益

从表3.69及表3.70所示每股收益来看,丰田汽车达到每股17.31美元,处于遥遥领先的地位,意味着丰田汽车的盈利能力很强。

表3.69　比亚迪股份有限公司每股收益计算表

项　　目	2019年	2020年	2021年	2022年
净利润(亿元)	21	60	39	177
普通股票总数量(亿股)	27.281 4	27.281 4	29.111 4	29.111 4
每股收益(元)	0.77	2.20	1.34	6.08

表3.70　三大汽车公司每股收益表

单位：美元

每股收益	2019年	2020年	2021年	2022年
特斯拉汽车	−0.33	0.25	1.87	4.02
丰田汽车	11.61	13.38	14.62	17.31
大众汽车	2.96	2.02	3.34	3.14

（三）每股净资产

从表3.71及表3.72所示每股净资产来看，丰田汽车达到每股157.35美元，处于遥遥领先的地位，意味着丰田汽车的财务状况很稳定、很健康。

表3.71　比亚迪股份有限公司每股净资产计算表

项　　目	2019年	2020年	2021年	2022年
净资产(亿元)	626	644	1 042	1 213
普通股票总数量(亿股)	27.281 4	27.281 4	29.111 4	29.111 4
每股净资产(元)	22.95	23.61	35.79	41.67

表3.72　三大汽车公司每股净资产表

单位：美元

每股净资产	2019年	2020年	2021年	2022年
特斯拉汽车	3.05	7.29	9.33	13.21
丰田汽车	124.58	154.37	148.58	157.35
大众汽车	27.41	31.19	32.70	37.68

知识拓展

股票回购

概括一下伯克希尔自己的回购政策：我被授权以低于账面价值的120%购买大量伯克

希尔的股票,因为我们的董事会已经计算出按照这一价格水平购买能够持续给股东带来及时且实际的利益。我们估计,120%的账面价值远低于伯克希尔的内在价值,因为内在价值的计算并不精确,所以这一价差是恰当的。

(资料来源:2016年巴菲特致股东的信 https://www.gelonghui.com/p/520284)

(四)每股现金

从表3.73及表3.74所示每股现金来看,丰田汽车达到52.77美元每股,处于遥遥领先的地位,意味着丰田汽车在经营上有着更加灵活的自由度和选择性。

表3.73 比亚迪股份有限公司每股现金计算表

项目	2019年	2020年	2021年	2022年
货币资金(亿元)	126	144	504	514
普通股票总数量(亿股)	27.281 4	27.281 4	29.111 4	29.111 4
每股现金(元)	4.62	5.28	17.31	17.66

表3.74 三大汽车公司每股现金表

单位:美元

每股现金	2019年	2020年	2021年	2022年
特斯拉汽车	2.35	6.7	5.7	7
丰田汽车	21.73	41.92	61.31	52.77
大众汽车	5.75	14.38	15.08	14.95

(五)市净率

从表3.75及表3.76所示市净率来看,特斯拉汽车达到8.72倍,处于遥遥领先的地位,意味着投资者给予特斯拉汽车股票非常高的估值。相反的是,投资者给予大众汽车股票非常低的估值。

表3.75 比亚迪股份有限公司市净率计算表

项目	2019年	2020年	2021年	2022年
市值(亿元)	1 434	6 002	8 555	8 176
净资产(亿元)	626	644	1 042	1 213
市净率	2.29	9.32	8.21	6.74

表3.76　三大汽车公司市净率表

市净率	2019年	2020年	2021年	2022年
特斯拉汽车	11.45	30.48	36.16	8.72
丰田汽车	0.93	0.87	1.01	1.12
大众汽车	0.72	0.6	0.62	0.35

（六）总市值

从表3.77及表3.78所示总市值来看,特斯拉汽车达到3 897亿美元,处于遥遥领先的地位,意味着投资者非常看好特斯拉汽车的股票。

表3.77　比亚迪股份有限公司总市值表

单位:亿元

项　目	2019年	2020年	2021年	2022年
市值	1 434	6 002	8 555	8 176

表3.78　三大汽车公司总市值表

单位:亿美元

总市值	2019年	2020年	2021年	2022年
特斯拉汽车	757	6 674	10 917	3 897
丰田汽车	1 659	2 182	2 484	1 922
大众汽车	967	1 045	1 464	784

（七）股息分红率

从表3.79及表3.80所示股息分红率来看,比亚迪汽车最高,股息分红比率达到19%。相反的是,特斯拉汽车则选择不分红,投资者完全从股价上涨中获取收益。

表3.79　比亚迪股份有限公司股息分红率计算表

项　目	2019年	2020年	2021年	2022年
股息分红（亿元）	1.64	4.23	3.05	33.24
净利润（亿元）	21	60	39	177
股息分红率	8%	7%	8%	19%

表 3.80 三大汽车公司股息分红率表

股息分红率	2019年	2020年	2021年	2022年
特斯拉汽车	0	0	0	0
丰田汽车	1.60%	3%	3%	2.50%
大众汽车	1.80%	2.90%	1.70%	2.50%

（八）每股股息

从表 3.81 及表 3.82 所示每股股息来看，丰田汽车最高，每股股息达到 4.25 美元。相反的是，特斯拉汽车则选择不分红，投资者完全从股价上涨中获取收益。

表 3.81 比亚迪股份有限公司每股股息计算表

项　　目	2019年	2020年	2021年	2022年
股息分红(亿元)	1.64	4.23	3.05	33.24
普通股票总数量(亿股)	27.281 4	27.281 4	29.111 4	29.111 4
每股股息(元)	0.06	0.16	0.10	1.14

表 3.82 三大汽车公司每股股息表

单位：美元

每股股息	2019年	2020年	2021年	2022年
特斯拉汽车	0	0	0	0
丰田汽车	1.8	4.07	4.45	4.25
大众汽车	0.54	0.59	0.56	0.78

（九）市盈率

从表 3.83 及表 3.84 所示市盈率来看，比亚迪汽车最高，股价是收益的 45 倍，可以感受出投资者对比亚迪汽车的投资非常乐观。相反的是，大众汽车的市盈率只有 3.93，可以反映出投资者的悲观情绪。

表 3.83 比亚迪股份有限公司市盈率计算表

项　　目	2019年	2020年	2021年	2022年
股价(元)	73	290	339	274
每股收益(元)	0.77	2.20	1.34	6.08
市盈率	95	132	253	45

表3.84 三大汽车公司市盈率表

市 盈 率	2019年	2020年	2021年	2022年
特斯拉汽车	亏损	1 104	216	34
丰田汽车	10.06	9.03	10.84	10.83
大众汽车	6.63	9.18	6	3.93

知识拓展

认清自己

认清自己"能力圈"的半径,并且待在能力圈里面非常重要。

农场和纽大物业的收入未来几十年还会继续增加。虽然他们的收入不会突然激增,但两笔投资都是我和我的孩子、孙子可以一辈子持有的稳固并且令人满意的投资。

我想阐明投资的基本道理:获取满意的投资回报不需要成为专家。当然如果大家本身不是专家,那就要认识到自己的能力圈,并遵从一个合理的规律。保持简单,不要揠苗助长。当有人承诺让你赚笔快钱时,立即答复"不行"。

(资料:2013年巴菲特致股东的信 https://www.gelonghui.com)

课后复习题

一、单项选择题

1. 上市公司特有财务指标主要用于分析公司的哪一方面?(　　)
 A. 盈利能力　　　　　　　　B. 成本控制
 C. 资产负债状况　　　　　　D. 投资价值
2. 投资者在评估上市公司时,通常不会单独考虑以下哪个指标?(　　)
 A. 每股收益　　　　　　　　B. 市净率
 C. 股息分红率　　　　　　　D. 公司文化
3. 以下哪个不是上市公司特有财务指标?(　　)
 A. 每股净资产　　　　　　　B. 市盈率
 C. 流动比率　　　　　　　　D. 总市值
4. 以下哪个计算公式是正确的每股收益计算公式?(　　)
 A. 净利润÷已发行普通股票总数量　　B. 营业收入÷已发行普通股票总数量
 C. 净资产÷已发行普通股票总数量　　D. 货币资金÷已发行普通股票总数量
5. 以下哪个计算公式是正确的市净率计算公式?(　　)
 A. 市值÷净资产　　　　　　B. 每股股价×已发行普通股票总数量
 C. 净利润÷已发行普通股票总数量　　D. 股息分红÷净利润

6. 以下哪个计算公式是正确的总市值计算公式?( )
   A. 每股股价×已发行普通股票总数量　　B. 营业收入÷已发行普通股票总数量
   C. 净资产÷已发行普通股票总数量　　　D. 股息分红÷净利润

7. 股息分红率通常表示公司每股支付的股息与什么的比?( )
   A. 每股盈利　　　　　　　　　　　　B. 净利润
   C. 净资产　　　　　　　　　　　　　D. 营业收入

8. 以下哪个指标反映了公司股票的市场价值与其账面价值之间的关系?( )
   A. 每股营收　　　　　　　　　　　　B. 市盈率
   C. 市净率　　　　　　　　　　　　　D. 股息分红率

9. 投资者在分析上市公司时,以下哪个因素通常不会直接影响公司的财务指标?( )
   A. 公司的管理质量　　　　　　　　　B. 公司的财务状况
   C. 公司的行业地位　　　　　　　　　D. 投资者的个人偏好

10. 以下哪个指标可以帮助投资者了解公司的业务运营情况?( )
    A. 每股现金　　　　　　　　　　　 B. 每股净资产
    C. 每股营收　　　　　　　　　　　 D. 市盈率

11. 以下哪个指标是衡量公司股票价格与每股盈利之间关系的?( )
    A. 市净率　　　　　　　　　　　　 B. 市盈率
    C. 股息分红率　　　　　　　　　　 D. 总市值

12. 以下哪个指标可以帮助投资者评估公司的财务健康状况?( )
    A. 每股现金　　　　　　　　　　　 B. 每股净资产
    C. 市盈率　　　　　　　　　　　　 D. 股息分红率

13. 以下哪个计算公式是正确的股息分红率计算公式?( )
    A. 支付的股息÷净利润
    B. 每股股息÷已发行普通股票总数量
    C. 营业收入÷已发行普通股票总数量
    D. 净利润÷已发行普通股票总数量

14. 以下哪个指标通常用来衡量公司股票的相对估值?( )
    A. 每股现金　　　　　　　　　　　 B. 市盈率
    C. 市净率　　　　　　　　　　　　 D. 总市值

15. 以下哪个指标可以帮助投资者评估公司的价值和财务稳定性?( )
    A. 每股股息　　　　　　　　　　　 B. 每股营收
    C. 每股净资产　　　　　　　　　　 D. 股息分红率

二、分析思考题

请结合行业趋势、技术创新、产品定位、竞争优势分析:比亚迪汽车和特斯拉汽车市值暴涨的原因是什么?丰田汽车、大众汽车市值停滞不前的原因是什么?

第四章 专题分析

🎯 学习目标

1. 理解比亚迪股份有限公司业务发展的演进历程。
2. 理解比亚迪股份有限公司面临的主要风险。

一、比亚迪股份有限公司业务分析

（一）比亚迪股份有限公司业务发展的演进历程

表4.1所示为比亚迪股份有限公司业务发展时间表。

表4.1 比亚迪股份有限公司业务发展时间表

时间	主营业务
1995年	二次充电电池业务
2003年	燃油汽车业务（2022年停止）
2007年	手机业务
2008年	新能源汽车业务
2008年	光伏业务
2016年	城市轨道交通业务

1995年比亚迪科技有限公司成立，专门从事二次电池充电业务，首个订单是为日本三洋电器代工生产电池，几年后镍镉电池产量达到4.0亿只，一举超过三洋，达到世界第一。2002年，比亚迪在香港上市，获得了可贵的融资渠道。

2003年，比亚迪对外宣布与西安秦川汽车有限责任公司签订收购协议，出资2.695亿元人民币收购秦川汽车77%的股权，正式进军汽车行业，收购当天比亚迪的股价顿时从18港元急跌到了9港元，投资者对比亚迪造汽车的前景极度不乐观。

2005年，比亚迪第一款车型F3上市，凭借丰富的配置、精致的外观和超高的性价比，刚上市时就被市场疯狂地追捧。2008年，比亚迪第一款搭载磷酸铁电池的F3e电动车上市，销量只有百辆，被人嘲笑。

2007年，比亚迪精密制造拆分成立比亚迪电子，同年12月份在港上市，主要从事制造手机部件及模组，以及手机设计和组装业务，华为、Vivo、Oppo、魅族、三星、苹果、Google等近百家手机品牌均是比亚迪手机业务的客户,比亚迪电子是世界第二大手机代工厂,全球每10部手机中就有2部手机由比亚迪电子代工。

2008年,比亚迪开始布局光伏产业,作为比亚迪在清洁能源领域的重要布局之一,拥有硅片、电池片、光伏组件、光伏系统应用等全产业链布局,打通能源产业从吸收、存储到应用的各个环节。比亚迪股份有限公司积极布局新技术,推动产品不断升级,但是整个行业连年亏损。

2016年,比亚迪进军城市轨道交通业务,比亚迪在轨道交通这条路上走得并不顺利。被寄予厚望的"云轨"面世不到一年就遭遇城市轨道交通审批收紧,不得不踩下急刹车,至今未能按计划在全国铺开。被视为另一个突破口的"云巴"也受困于繁复的技术定义和政策约束,迟迟未能落地。

知识拓展

展望未来

同样,根据充分的理由,查理和我向来认为,美国继续繁荣下去是确定性非常高的事情。

在这种有利形势下,查理和我希望通过以下途径提升伯克希尔的每股内在价值:① 持续改善我们众多子公司的基本盈利能力;② 通过补强型收购进一步提升它们的盈利;③ 从我们投资对象的增长中获益;④ 当伯克希尔股价大幅低于内在价值时进行股份回购;⑤ 偶尔进行大规模收购。

我们都知道,搭积木关键在于基础稳固。一个世纪之后,BNSF铁路公司和伯克希尔·哈撒韦能源公司仍将继续在美国经济中扮演重要角色。住房和汽车仍将是大部分家庭生活的中心。保险无论对企业还是个人都将依然不可或缺。展望未来,查理和我看到伯克希尔仍将大有用武之地。我们对受托管理伯克希尔深感荣幸。

(资料来源:2014年巴菲特致股东的信　https://www.gelonghui.com)

(二)比亚迪股份有限公司的主营业务分析

表4.2为比亚迪股份有限公司营业收入四种分类结构表。

表4.2　比亚迪股份有限公司营业收入四种分类结构表

项　　目	2022年		2021年		毛利率
	金额(亿元)	占营业收入比重	金额(亿元)	占营业收入比重	
营业收入合计	4 240	100%	2 161	100%	
分行业					
日用电子器件制造业	988	23.30%	864	40%	6%
交通运输设备制造业	3 247	76.60%	1 290	59.70%	20%
其他	55	1%	73	0.30%	

续表

项　　目	2022年		2021年		毛利率
	金额（亿元）	占营业收入比重	金额（亿元）	占营业收入比重	
分产品					
手机部件、组装及其他产品	988	23.30%	864	40%	6%
汽车、汽车相关产品及其他产品	3 247	76.60%	1 290	59.70%	20%
其他	55	1%	73	0.30%	
分地区					
中国（包括港澳台地区）	3 326	78%	1 522	70%	20.60%
海外	914	22%	639	30%	4%
分销售模式					
直销	1 877	44%	1 330	62%	12.50%
经销	2 363	56%	831	38%	20.60%

从分行业角度和产品角度来看，比亚迪股份有限公司的主要业务有两块，最主要的业务是汽车业务，约占76%；次要的业务是手机业务，约占23%；光伏业务、轨道业务几乎可以忽略。

从分地区角度来看，国内业务是主要部分，约占78%；国际业务是次要部分，约占22%。

从分销售模式角度来看，经销业务是主要部分，约占56%；直销业务是次要部分，约占44%。

从表4.3及表4.4所示比亚迪汽车的销售数据来看，比亚迪销售的主要是乘用车，商用车几乎可以忽略不计。但是比亚迪汽车的补贴收入为1 044亿元，约占汽车业务营业收入的30%，可以看出中国政府的补贴对中国新能源汽车产业的发展、壮大极其重要。表4.5为比亚迪汽车产品系列表。

表4.3　2022年比亚迪汽车细分产销量表

单位：万辆

汽车类型	产　　量		销　　量	
	本期	上期	本期	上期
乘用车	188	74	180	71
轿车	98	42	95	39
SUV	87	30	83	30
MPV	2.6	2.2	2	2.6
商用车	0.61	1	0.58	0.8

续表

汽车类型	产量		销量	
	本期	上期	本期	上期
客车	0.48	0.57	0.47	0.4
其他	0.12	0.42	0.1	0.38
合计	188	75	180	72

表4.4　2022年比亚迪汽车大类产销量表

产品类别	产能(万辆)	产量(万辆)	销量(万辆)	营业收入(亿元)	补贴收入(亿元)
乘用车	125	187	178	2 722	1 044
商用车	0.85	0.61	0.58	787	

注：公司2022年新能源补贴收入1 044亿元。

表4.5　比亚迪汽车产品系列表

产品系列	产品名称	产品定位
王朝系列	汉	高端旗舰
	唐	大中型SUV
	宋	中型SUV
	秦	A级车
	元	A级潮跑SUV
海洋系列	海豚	A0级
	海豹	C级车
	海鸥	A0级
	海狮	中型SUV
	军舰系列	
	驱逐舰05	中型SUV
	护卫舰07	中型SUV
	腾势品牌	
	腾势D9	豪华MPV
	仰望品牌	
	仰望U8	硬派越野
	仰望U9	超跑
	方程豹	
	方程豹U5	硬派SUV

（三）比亚迪股份有限公司的核心技术

1. 刀片电池技术

打破传统电池系统的模组概念,利用刀片电池独特长宽比特征,实现超长尺寸电芯的紧密排列,获得更高的体积利用率,使得搭载磷酸铁锂体系的纯电动汽车续航里程达到700 km以上;并成为全球唯一可通过针刺实验的动力电池,终结新能源汽车安全痛点,树立新能源汽车的安全标杆。

2. CTB(Cell to Body)电池车身一体化技术

将电池上盖与车身地板二合为一,体积成组效率提升至66%;突破性地使刀片电池——既成为能量体又成为结构件,从而更好地为整车结构赋能,实现整车扭转刚度达到40 500 N·m/°,媲美百万级豪华旗舰车型,提升操控上限;进一步加强整车安全,正碰结构安全性能提升50%,侧碰结构安全性能提升45%,车身轻量化系数低至1.75;同时通过释放原来电池与车身地板之间多层结构占用的空间,增加垂向乘坐空间,提升舒适性。

3. 全景自动泊车系统

布局图像识别、路径规划、影像显示等算法和技术,完成自动泊车系统的全栈开发。

4. DM-i 超级混动

使用超高效率的EHS电混系统以及全球首创DM-i超级混动专用功率型、交直流充电器等核心部件,同时搭载效率达43.04%最高热效率的骁云插混专用1.5L高效发动机,达到超低油耗、静谧平顺、卓越动力的整车表现。

5. DM-p 王者混动

在动力、安全、脱困、能耗四方面,实现对机械四驱的全面超越,DM-p超强动力,树立了电四驱的性能新标杆,唐DM-p百公里加速快至4.3 s,汉DM-p更是做到了3.7 s,全面超越四驱燃油车。在安全上,操控稳定性全面超越机械四驱。在脱困上,通过性及脱困时间遥遥领先于机械四驱。在能耗上,传承了DM-i优秀的省油基因,也是国内插电式混合动力汽车首次搭载热泵系统。

6. DiLink 4.0(5G)

DiLink 4.0(5G)是比亚迪自主研发全球首个量产的内置5G车载通信娱乐系统,多进多出天线设计,信号更稳、传输速率更快;行业首创双频定位导航技术,"柔韧"应对各种复杂环境;覆盖全天候场景的视觉设计——智能深浅主题设置;配置丹拿品牌音响,行业内首次搭配定制环绕声模式,打造无限畅享智能座舱。

7. 腾势 Link

通过基于6 nm制程高性能芯片,比亚迪自主研发的腾势Link,集成ONE ID、双桌面、3D控车、全场景语音、情景模式、多屏交互等独特应用功能,打造新一代"好看、好玩、好用"的超智能交互座舱,提升品牌的科技属性,在汽车智能化赛道达到行业顶尖水平。

8. 易四方技术

"易四方"四电机独立驱动技术平台是通过四电机独立控制、极限防滑控制、车身稳定性控制三大核心控制方法,实现对车辆全场景下的极限控制,做到极致安全。让消费者获得原地掉头、敏捷转向、应急浮水、极限防滑、高速爆胎控制等极致安全体验。

知识拓展

公司的业务板块

现在,让我们了解公司四个主要业务板块的运营情况。它们具有差别巨大的资产负债结构,以及全然不同的营收情形。因此,把它们合并到一起将会影响分析结果。我们将分别讨论各个业务,这也是查理和我看待它们的方式。

保险业务,伯克希尔的核心业务,也是多年来驱动我们不断扩展的引擎。除了我们的三家主要保险公司外,我们还有一些小保险公司,它们中的大部分专注于保险行业的一些细分领域。2011年前的45年中,有37年整个行业的保费收入不能覆盖赔付支出和成本费用。因此,整个行业的有形资产回报水平几十年来一直低于美国其他行业的平均水平,这是一个悲伤但基本注定还会持续的情形。伯灵顿北方圣特菲铁路公司和中美能源两家公司的共同特点是都有巨额的长期受管制的资产投资,这些资产部分由大额长期债务支持。我们的经理人必须在今天就考虑我们的国家明天会需要什么。能源和交通项目需要很多年才能见到效益;但一个增长的经济体不能后知后觉。

伯克希尔·哈撒韦住房服务。住房服务公司业务领域不断地增加,地产经纪公司——2012年增加了3家——现在在美国主要的大城市拥有大约16 000名代理人。2012年,我们的代理人参与的房屋销售额达420亿美元,比2011年增长33%。即便在萧条时期,Ron Peltier在管理住房服务公司上依然工作出色。现在,房地产市场持续恢复,我们期望利润未来会有显著的提升。

制造、服务和零售业务。这个板块的公司销售的产品从棒棒糖到喷气式飞机,无所不包。有些公司有非常好的经济特性,它们无杠杆条件下的税后有形资产回报率达到25%～100%。其他一些产品的回报率为12%～20%。但也有少数公司回报率很糟糕,这是我们在资产配置上所犯下的严重错误。

50多年前,查理就告诉我,以合理的价格买入一家优秀的公司比以一个便宜的价格买入一家平庸的公司划算。这个道理背后的逻辑非常清楚。

金融和金融产品。这是我们最小的业务板块,包括两家租赁公司,XTRA(拖车租赁)和CORT(家具租赁),以及Clayton Home——国内领先的预置房生产商和金融租赁商。Clayton去年生产了25 872套预置房,比2011年上升13.5%。这占全国独栋住宅建设量的4.8%,其份额为全美第一。我们把Clayton归入到这个板块,是因为它拥有332 000笔抵押贷款,合计137亿美元。这些贷款中的大部分贷给了中低收入家庭。然而这些贷款在房地产市场崩盘中表现良好,这进一步增强了我们的认识,即合理的首付比例和合理的月供收入比可以有效防范抵押跌价损失,即便在市场萧条时也有效。

我们买了一些报业公司。过去的15个月里,我们以3.44亿美元收购了28家日报。有两个原因可能让你非常疑惑。第一,我一直在致股东的信和年会里向大家说,报纸行业的总体发行量、广告和利润下降没有悬念。这个预测依然有效。第二,我们买下的资产完全达不到我们要求的收购规模标准。

第二点可能比较容易解释。查理和我喜欢报纸,如果它们的经济情况合意,我们会买下它们,哪怕它们的规模根本达不到我们的收购标准,比如一些袖珍型公司。解释第一点需要多费一些唇舌，还需要一些故事。

新闻，简单地说，就是人们不知道但却又想知道的事情。考虑及时性、方便性、可靠性、全面性和成本，人们会从实现最佳组合的渠道搜寻他们想要的新闻——对他们来说重要的新闻。这些因素的重要程度随新闻的特性和受众的需求而不同。

在电视和互联网出现以前，报纸是各种新闻的最主要信息渠道，这一事实让其成为大部分人不可或缺的产品。无论你关注国际、国内、地方新闻，还是体育、财经新闻，大家订阅的报纸通常是最快的信息来源。哪怕整份报纸里只有几页满足大家的兴趣爱好，报纸里所包含的信息还是让你的订阅物超所值。更好的是，广告商通常支付了几乎全部的刊印成本，读者只需搭个顺风车。

不仅如此，广告本身也提供了很多信息给有兴趣的读者，实际上相当于提供了更多"新闻"。编辑们在思想和观点上绞尽脑汁，但是对很多读者来说，招聘信息、房屋出租信息、超市周末打折信息、电影上映信息，比主要文章里的观点要有意义得多。

（资料来源：2013年巴菲特致股东的信　https://www.gelonghui.com）

（四）比亚迪股份有限公司业务的核心竞争力分析

比亚迪股份有限公司秉持"技术为王、创新为本"的发展理念，致力于用技术创新满足人们对美好生活的向往，业务横跨汽车、轨道交通、新能源和电子四大产业。

新能源汽车领域，比亚迪打造出长期、可持续的核心竞争优势。作为全球新能源汽车产业的领跑者，比亚迪拥有庞大的技术研发团队和强大的科技创新能力，相继开发出一系列全球领先的前瞻性技术。目前，比亚迪拥有电池、电机、电控及整车等核心技术，实现新能源汽车在动力性能、安全保护和能源消费等方面的多重跨越，加速推动全球汽车产业转型升级进程。

动力电池领域，比亚迪开发出高安全磷酸铁锂电池，解决了电动汽车电池在安全性、循环寿命和续航里程等方面的全球性难题。通过持续迭代创新，比亚迪推出刀片电池和CTB (Cell to Body) 技术。目前，比亚迪在动力电池领域建立起全球领先的技术优势和成本优势，并通过产能的快速提升建立起领先的规模优势。

商业推广方面，比亚迪全球领先的纯电动及插电式混合动力技术均已广泛运用于乘用车产品，持续引领全球市场。在商用车领域，比亚迪推出的纯电动大巴、出租车和卡车等绿色交通已在全球6大洲、70多个国家和地区、超过400个城市成功运营。

凭借各领域的技术积累和综合协同优势，比亚迪未来将继续致力于新能源汽车技术突破创新和产品推广，积极推进传统汽车转向新能源汽车的产业变革。比亚迪将通过"7+4"全市场战略推动新能源汽车的全方位拓展，其应用范围覆盖7大常规领域，即私家车、公交车、出租车、环卫车、道路客运、城市商品物流、城市建筑物流，4大特殊领域，即仓储、矿山、港口和机场，实现新能源汽车对道路交通运输的全覆盖。同时，比亚迪也将结合新能源汽车的优势和自主品牌强势崛起的契机，加推更多新能源乘用车型，以及面向更多细分市场的客运、货运和专用车型，进一步丰富新能源汽车产品线，提升市场份额和行业地位，推动比亚迪始终走在全球新能源汽车技术创新和产品应用的最前沿。

此外，比亚迪发挥集成创新和长期积累综合技术优势，将电动车产业链延伸到轨道交通领域,推出具有完全自主知识产权的中运量"云轨"和低运量"云巴",为全球城市治理交通拥堵提供有效方案。

保险业中的门槛

事实上,我知道历史上只有8笔财险和意外险保单的单笔保费超过10亿美元。没错,全都是伯克希尔卖的。其中有些合约要求我们50年甚至更久之后赔付。当保险公司需要这种类型的赔付承诺时,伯克希尔是唯一能兑现的公司。

伯克希尔伟大的经理人、卓越的金融能力及许多独特的商业模式在保险业中形成门槛,绝无仅有。这些优势是伯克希尔的巨大财富,长远来看会为股东们创造更大的利益。

(资料来源:2014年巴菲特致股东的信　https://www.gelonghui.com)

(五)比亚迪股份有限公司的国际化战略

比亚迪汽车股份有限公司加快布局汽车业务的海外市场,未来比亚迪汽车海外的五大主要市场是东南亚、大洋洲、中东、欧洲、南美洲。

比亚迪汽车的出海路径逐渐明晰。车型上,王朝和海洋系列均在走向海外;销售体系上,比亚迪汽车选择在海外多地与经销商合作铺开销售网络;生产上,则逐渐从整车出口迈向本土化生产。2023年7月4日,比亚迪汽车首个海外乘用车生产基地落户泰国,按规划该基地年产量15万台整车,辐射东盟市场。比亚迪汽车海外布局正走向纵深,包括与当地经销商频频合作增加店面数量、以金融方案支持经销商、将工厂和供应链延伸至海外、在海外发展充电网络等。但是比亚迪汽车想要建立完善的出海体系并迎来大的销量爆发,预计还需要一定的时间。总体而言,比亚迪汽车具有技术优势、成本优势,能很好地满足海外市场的需求,比亚迪汽车极有可能改变世界汽车市场格局。

保险经济模式

伯克希尔吸引人的保险经济模式之所以存在,是因为我们拥有杰出的经理。他们以严格的操作运营难以复制的商业模式。本质上,一个稳健的保险公司需要遵守四大规则:

(1) 理解所有会让保单发生损失的风险。
(2) 谨慎地评估风险发生的可能性及其可能造成的损失。
(3) 设定保费。平均而言,保费需要高于可能发生的损失及运营费用的总和。
(4) 愿意在无法获得合适保费的情况下放手。

许多保险公司都遵守前三条规则,却忽视了第四条。他们无法拒绝竞争对手正在积极争取的业务。老话说:"别人在做,我们就必须做。"这个问题在许多行业都有所体现,但保险行业尤为突出。

（资料来源：2014年巴菲特致股东的信　https://www.gelonghui.com）

二、比亚迪股份有限公司风险分析

根据比亚迪股份有限公司的年报资料，其主要面临以下主要风险：

（一）宏观经济波动风险

比亚迪股份有限公司主营业务受国内外经济环境变化的影响较为直接，国内外宏观经济及融资环境存在不确定性，如果宏观经济衰退或增速减缓，影响到居民可支配收入水平，行业可能会受到一定程度的冲击，进而影响公司主要业务的发展，公司经营将面临宏观经济波动带来的风险。

（二）行业发展风险

目前新能源汽车已成为全球汽车产业发展的大势所趋，比亚迪股份有限公司凭长期的技术积累和领先的产品优势，在全球新能源汽车领域处于领军地位，新能源汽车业务的发展推动了公司的快速成长。未来，如果新能源汽车产业整体发展不及预期，或其他因素影响到汽车产业的发展趋势，则新能源汽车业务也将受到不利影响。

（三）市场竞争风险

比亚迪股份有限公司主营业务所处行业均是充分竞争的行业，在国内外面临着激烈的市场竞争。如果未来公司不能继续保持或提升产品竞争力，公司将面临在市场竞争中处于不利地位的风险。

（四）政策变化的风险

新能源汽车作为解决空气污染和能源紧缺的最佳方案，国家及地方政府陆续出台了一系列产业政策和补贴政策，以支持新能源汽车产业的持续发展。未来如果相关政策发生变化或调整，可能会影响集团享受政策或补贴的水平，短期内将可能对公司主营业务的盈利产生一定影响。

（五）原材料价格波动风险

比亚迪汽车生产所需主要原材料包括钢材、塑胶及其他金属原材料，如锂、铜等，原材料价格的波动会直接影响公司主营业务的生产成本，进而对公司的经营业绩产生一定影响。

知识拓展

风险因素

和所有的上市公司一样,美国证券交易委员会要求我们每年都要在公开文件中登记自己的"风险因素"。然而,我并不记得阅读公开文件中的"风险因素"对于我评估业务有多大帮助。这并不是因为这些风险认定不真实,而是真正的风险因素通常是我们没有认知到的。

除此之外,公开文件中的风险因素也不是为了评估而提供的:① 真实发生威胁事故的概率;② 如果发生事故,将付出多大的成本;③ 可能造成损失的时机有哪些。

50年后才可能浮现出来的问题可能会成为社会问题,但这并不属于如今的投资者需要考虑的问题。

伯克希尔涉足的行业领域比我知道的其他任何公司都要多。我们的所有工作都拥有一些不同的问题和可能。列举容易评估难:我、查理还有我们其他的执行总裁计算各种可能性带来的时机、成本和方式有很大的区别。

我可以举一些例子。我们从一个最显而易见的威胁开始吧:BNSF铁路公司相较于其他铁路公司,未来十年很可能将失去大量的煤炭业务。而未来的某个时刻(虽然在我看来这不会太远了),无人自驾车可能会让政府雇员保险公司(Geico)的保单数量大规模萎缩。当然,这些趋势也会影响到我们的汽车经销商。印刷报纸的发行量还将继续下降,这是我们在收购时就非常清楚的事情。目前,可再生能源对我们的公共事业企业起到了帮助作用,但如果电力存储的能力得到实质提升,那么情况又将大有不同。在线零售已经威胁到了我们的零售企业的经营模式和消费品牌。这些都还只是我们面对的负面可能性的一小部分——但即便对商业新闻再漫不经心的人,也早已意识到了这些负面因素。

然而,这些问题都不会对伯克希尔的长远发展起到什么关键性的影响。1965年我们刚接手公司时,一句话就能概括当时的风险:"我们所有的资本都投到了北方的纺织公司里头,但纺织业注定将持续受损,直至消亡。"然而,这种发展趋势,并没有成为公司的丧钟。我们只是适应了它,未来也是如此。

每天,伯克希尔的经理人都在思考,他们该如何与这个变幻不息的世界抗争。正如我和查理每天都在孜孜不倦地关注着,哪些领域值得我们源源不断地投入资金。

(资料来源:2015年巴菲特致股东的信 https://www.gelonghui.com)

课后复习题

1. 请你谈谈比亚迪股份有限公司业务发展演化的原因有哪些。
2. 请你谈谈对比亚迪开拓海外市场前景的看法。
3. 你是否愿意跟随中国公司的国际化浪潮,尝试在海外工作?为什么?
4. 请你谈谈比亚迪股份有限公司如何应对所面临的风险。

参 考 文 献

[1] 孙伟航.一本书掌握财务报表分析[M].杭州:浙江大学出版社,2022.
[2] MBA智库.https://wiki.mbalib.com/wiki/.
[3] 冯龙飞.财务报表分析的起源与发展[J].财会研究,2014(8):47-50.
[4] 巴菲特致股东的信.https://www.gelonghui.com.
[5] 比亚迪股份有限公司2022年年度报告.
[6] 比亚迪股份有限公司2023年半年度报告.
[7] 2011年比亚迪股份有限公司首次公开发行的A股股份招股说明书(申报稿).
[8] 何柄谕.招股说明书原来可以这样玩[EB/OL].https://mp.weixin.qq.com/s/wg8FP-NOl91oGt5hQtBGqLg.